Tips for
Extending a Potential
Through Non Cognitive Skills

家庭、学校、職場で生かせる！

自分と相手の非認知能力を伸ばすコツ

中山芳一

東京書籍

はじめに

２０１８年11月に拙著『学力テストで測れない非認知能力が子どもを伸ばす』が刊行され、大変ありがたいことに相次ぐ増刷や海外での翻訳などが実現しました。また、私自身も教育・保育・子育てにかかわる方々からご依頼を受け、お話をさせていただく機会も一段と増えました。近年の「非認知能力ブーム」の高まりに驚きを感じるとともに、これまでのテストで測れる「学力＝認知能力」に傾倒してきた時代が、まさに変わろうとしているのだと実感しています。

しかし、これがこのままブームで終わってしまうのではないか、という一抹の不安も同時に抱いています。いまから20年ほど前にも「ＥＱ＝こころの知能指数」という概念が我が国に輸入されて一躍ブームになったものの、すでに「（初代）たま○っち」と同様に過去のものにされようとしています。そして、ＥＱに代わるかのように登場した非認知能力も、そんな目に遭ってしまう日が来るのかもしれません。

もし、そうなる日が来るのなら、「ＥＱ」や「非認知能力」と呼ばれてきたようなものが、敢えて固有の名前で呼ばなくても誰もが大切なものと認識していることを切に願うばかりです。そんな思いを胸に、拙著の続編を執筆する運びとなりました。

拙著『学力テストで測れない非認知能力が子どもを伸ばす』では、できる限り小難しい言い回しを避けました。そして、教育・保育関係の方から子育て中の保護者の方々まで、広くわかりやすい非認知能力の解説本となるように心がけたつもりです（そうなっていないと思われる方がいらっしゃったら、すみません……）。そのため、研究書的なものを期待されていた方には物足りない内容だったかもしれません。

さて、本書もできるだけ多くの方にわかりやすい本になることを心がけましたが、今回は解説書ではありません。むしろ、「で、非認知能力、どうすればいいの!?」についての見解と提案を述べていくことにしたいと思います（解説的な内容は前著に委ねて、できるだけ割愛しました）。その上で、「非認知能力」なるものを今後どのようにとらえていけばよいのか？　実際にどうやって伸ばしていけばよいのか？　などについて可能な限り「実践本」として展開していきます。ちなみに、本書のタイトルにある「コツ」は体の中心であり体を支える役割の「骨（こつ）」という意味です。つまり、単に表面的なハウツーではなく、より本質に踏み込んでみなさんの実践を支えられる「骨」にしてもらいたいという願いを込めています。

ということで、本書の内容が、教育・保育・子育てにかかわる方々をはじめ、ビジネスの世界で人材育成にかかわられている方々にとっても何らかの一助になればうれしいです！

ぜひ、読み進めてみてください!!

２０２０年６月

中山芳一

本書をお読みいただくにあたって

（1）本書の中でよく出てくる言葉について解説しておきます。

○前著（ぜんちょ）

私が書いた非認知能力の解説本『学力テストで測れない非認知能力が子どもを伸ばす』（2018年、東京書籍）のことを指します。まだお読みでない方は、本書とセットでぜひお読みください。

○相手

私たちが非認知能力を伸ばしたい相手のことです（例えば、我が子、園児、児童、生徒、学生、後輩、部下……など）。本書は、子どもだけでなく大人も非認知能力を伸ばしてもらいたい対象にしているため、本書を読まれる方にとってイメージする相手は異なります。

（２）本書の構成について解説しておきます。

◆各章の扉ページにご注目！

各章の扉ページに、その章の内容をできるだけ端的に表した言葉を記しました。本文を読まれる前に、まずは扉ページをご覧ください。

また、本書は子育て中の保護者の方などの一般の方々から学校の先生をはじめとした専門家の方々まで、幅広くお読みいただければと考えています。そうなるとマニアック度に違いが出てくるため、扉ページには一般の方と専門家の方への「おススメ度」を★の数で表しておきました。ご参考にしてみてください。

◆第Ⅴ章の「おさらい」をご活用ください！

前著では、各章末に「まとめ」を載せていましたが、本書では第Ⅴ章の前半に各章のおさらいを一気に読めるように構成しています。よって、第Ⅰ章から順番にお読みいただいてもＯＫですし、まず先に第Ⅴ章をお読みいただいてもＯＫです。

目次

第Ⅱ章
非認知能力は「自分で」伸ばす力

第Ⅲ章
非認知能力を伸ばす「仕掛け」

第Ⅳ章 非認知能力を「アセスメント」する

第Ⅴ章
先が読めない時代を生き抜く「非認知能力を伸ばす」コツ

第１章

あらためて「非認知能力」について

「非認知能力」の呼び名が適切か不適切かを問うことも大切だけど……

まずは、これからの時代を生き抜いていくために、この力をどうやって伸ばしていけばよいのかを考えていきましょう！

★★★　一般の方にかなりおススメ
★★★　専門家の方にかなりおススメ

いま、多くの関心を集めている非認知能力

いま、「非認知能力（Non Cognitive Skills）」というワードは、国内外において多くの人たちから関心を集めています。そこで、あらためて非認知能力とはどのような力のことを指すのかについて説明しておきましょう。

「能力」というのは、これまで測定できることが前提となってきました。○○テスト、○○検定、○○測定といった測定方法によって、測定したい側にとって明確に数値（点数）化できるものだったのです。しかし、これまでの研究の中で測定できない力も能力として位置づけようという動きが出てきました。例えば、ジェームズ・J・ヘックマンらの経済学者によって、数値によって測定できる力と測定できない力とに区別されました。そして、前者を「数値化（＝認知）できる能力としての「認知能力」、後者を「数値化（＝認知）できない能力」としての「非認知能力」としたのです。したがって、「能力」そのものに測定できないものが加わったことで解釈を拡げられるようになったともいえるでしょう。

いま、世界的に注目を集める
非認知能力

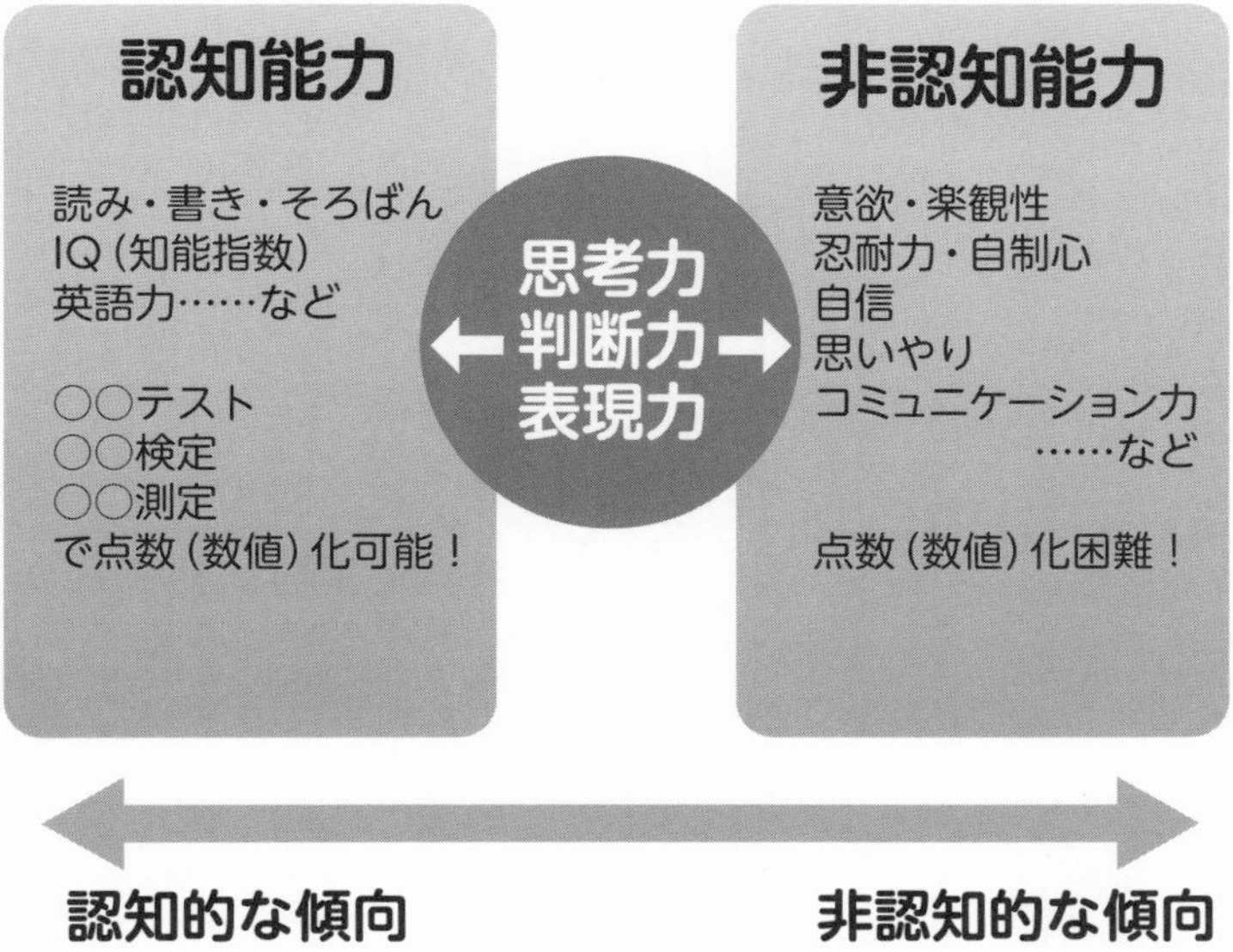

そして、ヘックマン（※１：２０１５年）の研究では幼児教育の非認知能力が、幼児期以降の基礎学力や年収・持ち家率に多大な影響を与えることを立証し、その重要性が注目されるようになりました。ただし、ここではあくまでも数値化できるかできないかという基準で「認知 or 非認知」を区別したため、非認知能力そのもののとらえ方が広がり過ぎてしまったという問題（測定したい側が数値化できない能力は、定義上すべて非認知能力になってしまうという問題）を残したともいえるのです。

以上から整理すると、「読み・書き・そろばん」といわれるようなものからＩＱ（知能指数）、英語力などは数値化できるために認知能力となり、意欲・楽観性や忍耐力・自制心、さらには思いやりやコミュニケーション力などは数値化できないために非認知能力となります。そのほかにも、私が前著で「思考系能力」と呼んできた思考力・判断力・表現力といったものもありますが、数値化できるかどうかの視点からすると、テストなどで数値化できるものもあればできないものもあるといったところでしょうか。そのため、15ページの図のようにここからは認知能力、ここからは非認知能力……ときっぱり線を引くというよりは、認知的な傾向が強いのか、非認知的な傾向が強いのか、ととらえていく方がよいのかもしれません。

そもそも「認知」ってなに？

現在に到るまで、特に「認知」という概念を用いてきた学問領域は、経済学領域ではなく心理学領域でした。心理学領域では、「認知」を記憶する、理解する、判断するなどの認知的な機能として位置づけてきました。したがって、もし先ほどの経済学的な認知能力・非認知能力を心理学的に置き換えると、非認知能力の中に位置づけられる様々な能力も、認知機能とは切っても切り離せない関係になり得るでしょう。

例えば、非認知能力の中に位置づけられる共感性やコミュニケーション力は、たしかに「あなたの共感性は37点だから、もっと他者に共感できるようになりなさい！」とはいえない能力です（そんなこと言われたら、どうしてそんな点数が出てきたのか、ツッコミを入れたくなります）。つまり、数値化できない能力であることがわかります。

しかし、他者に共感していくためには、単なる感情移入などの情動的な面だけでは不

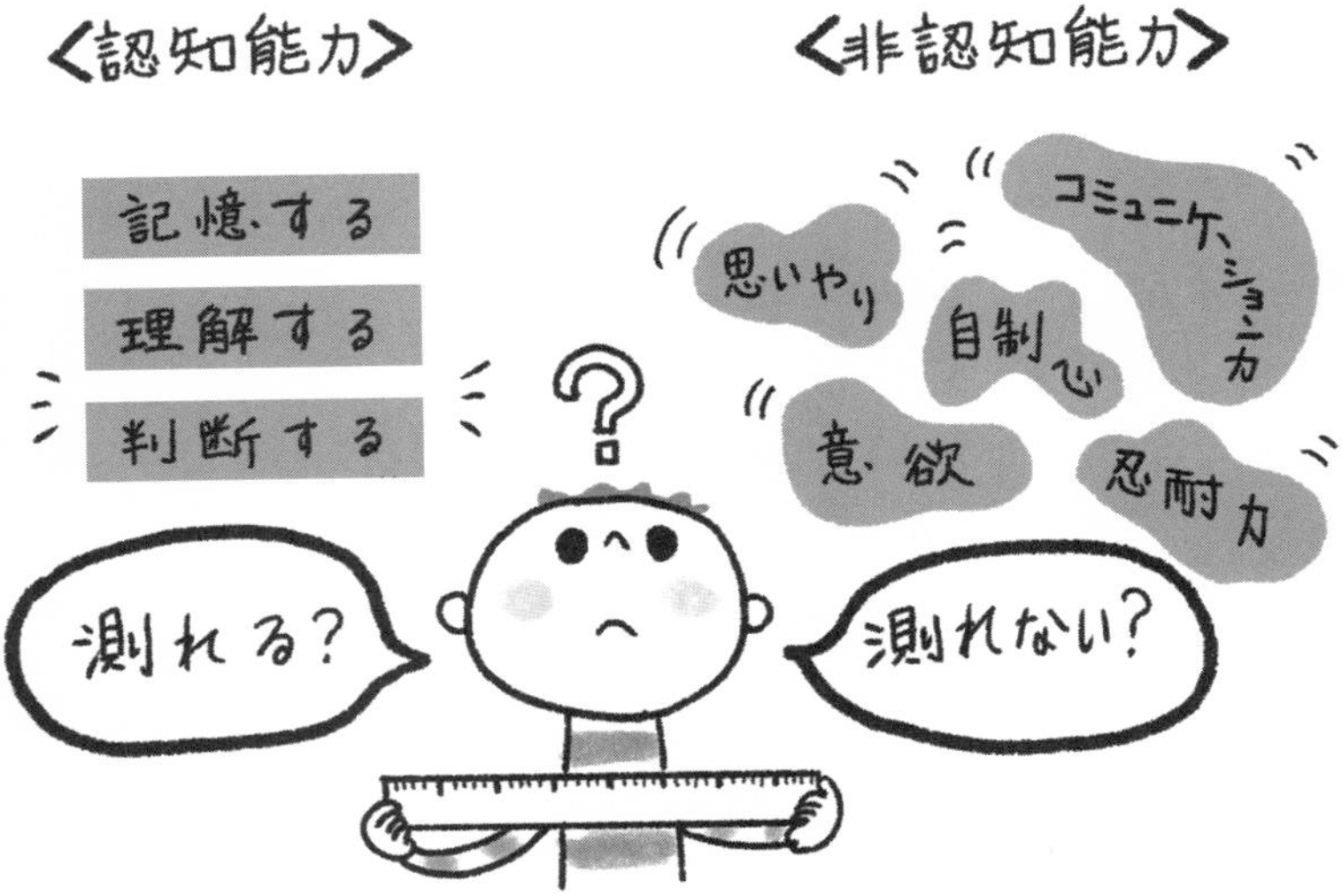

<認知能力>
記憶する
理解する
判断する
<非認知能力>
思いやり
自制心
コミュニケーション力
意欲
忍耐力
測れる？
測れない？

十分です。相手のちょっとした表情や言動の変化に気づき、その変化とこれまでの文脈やそのときの状況などを関連づけて相手がどのような心境なのかを想像して理解（解釈）するための認知機能が必要不可欠です。

このように、経済学における認知能力・非認知能力の「認知」と心理学における認知機能としての「認知」とは同じ言葉でありながら、意味合いが違っていることがわかります。さらに、「非認知」について心理学領域では「数値化できない非認知」ではなく、「認知機能ではない非認知」となるため、多くの場合は情動的な面に限定しているのです。

メディア化された言葉としての非認知能力

こうした経緯の中で、経済学における非認知能力を個人の内面や他者との関係性に深くかかわる力として位置づけたのが、ＯＥＣＤ（経済協力開発機構）による「社会情動的スキル（Social and Emotional Skills）」となります。言い換えれば、先ほどの

OECDによる社会情動的スキルと認知的スキルのフレームワーク

- **目標の達成**：忍耐力・自己抑制・目標への情熱
- **他者との協働**：社交性・敬意・思いやり
- **情動の制御**：自尊心・楽観性・自信

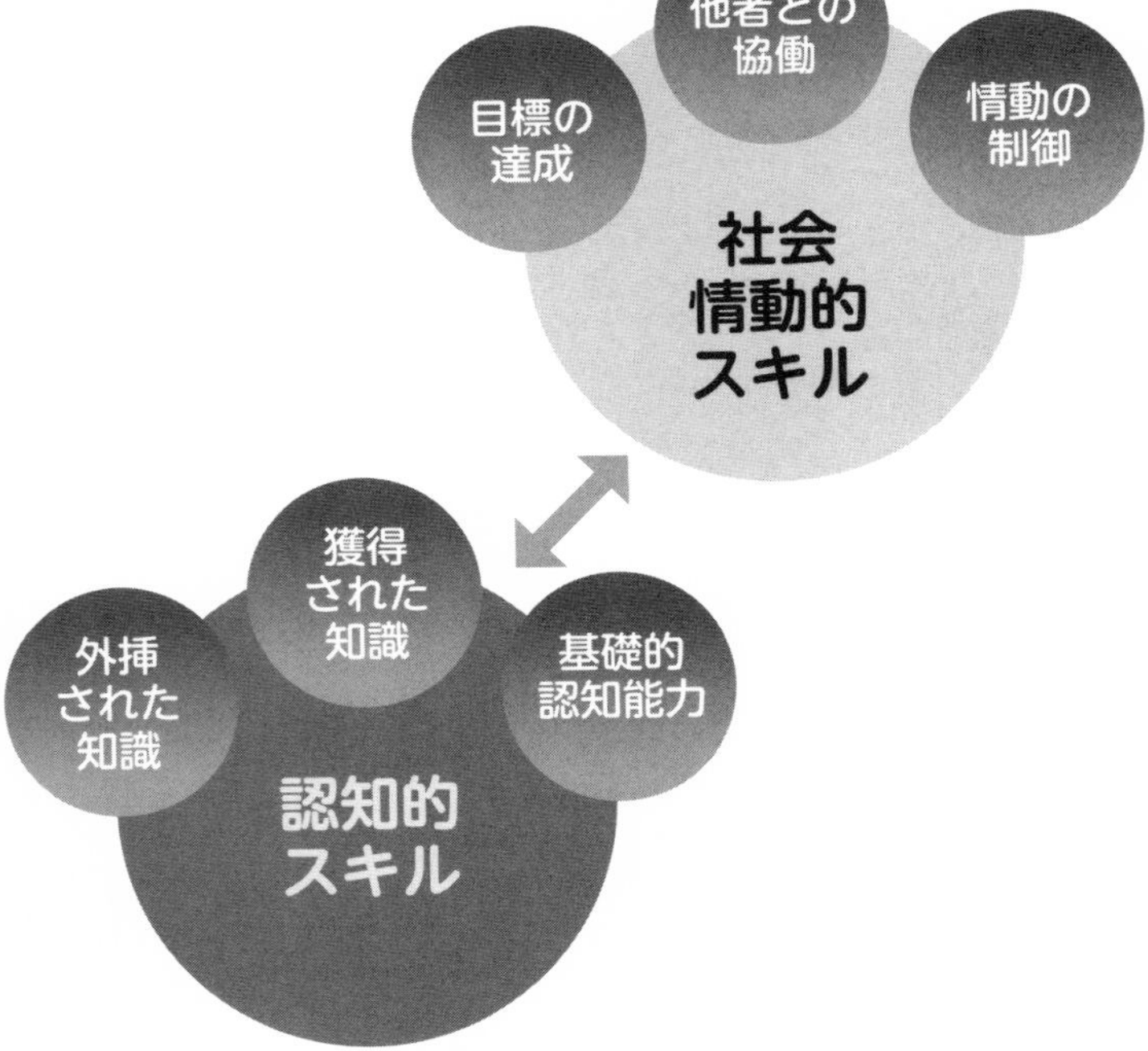

- **基礎的認知能力**：パターン認識・処理速度・記憶
- **獲得された知識**：呼び出し・抽出・解釈
- **外挿された知識**：考える・推論・概念化

出典：『家庭、学校、地域社会における社会情動的スキルの育成　国際的エビデンスのまとめと日本の教育実践・研究に対する示唆』（OECD、池迫浩子　宮本晃司　ベネッセ教育総合研究所訳）2015をもとに作成

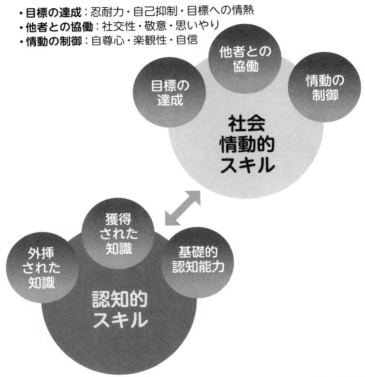

通り他者とかかわる上で必要な社会的スキルと自分の感情面をコントロールする上で必要な情動的スキルとを併せ持った能力です。たしかに、数値化することのできない（非認知的な）能力であるとともに、心理学における認知機能との一致点からみても、「社会情動的スキル」の方が妥当だといえるでしょう。

しかしながら、一般的にメディア化された言葉というものは、これまでの学術的な経緯や位置づけに必ずしも従うわけではありません。まさに非認知能力という言葉の広がりは、こうした流れの中にあるのではないかと考えられます。実際に、これまで、それぞれの時期や時代によって注目・関心を集めてきたEQ（心の知能指数）や性格特性ビッグ5などが、現在は非認知能力と読み替えられたといっても過言ではないでしょう。

「能力」としてとらえてよいのだろうか？

また、非認知能力や社会情動的スキルを「能力」としてとらえることについても疑問視されています。そのため、「能力（Skill）」ではなく「コンピテンシー（Competency）」に置き換えられることもあります。コンピテンシーとは、単に内側に込められた能力だけでなく、実際に表れてくる行動特性（特徴的な行動パターン）も含んでいるのです。自己の内面や他者との関係性に深くかかわる見えにくい力だからこそ、行動特性としてとらえることの必然性も納得できます。

ただし、いずれにしても能力や行動特性というと、望ましい目標があって、どのようなときでも能力である以上は、獲得・向上が常に目指されなければならないという点が危惧されてしまうのです。例えば、非認知能力の代表格でもある自制心や忍耐力をひたすら向上し続けていけばどうなってしまうでしょう？　極端な話かもしれませんが、過度にストレスが溜まってしまい、別な弊害を生み出しかねません。また、外向性や、社交性を発揮しまくって他者とかかわった結果、相手側が入り込んできてほしくないパーソナルスペースへ土足で入り込み過ぎてしまうことだってあるでしょう。このようなケースを想定すると、「能力」としてとらえてしまうことに警鐘が鳴らされていることも納得できます。

「非認知能力」という言葉でよい

これらを踏まえて、敢えて私見を述べさせていただくと、いまは「非認知能力」でよいのではないか、というのが結論です。いま、私たちが重視すべきことは前述したような「呼び名・位置づけの是非」なのではありません。いま、私たちが生きている時代は、ＡＩ時代、人生１００年時代、ＶＵＣＡ時代、Society5.0などと呼ばれるような、超加速度的に変化する時代です。

こうした時代を生き抜いていく上で、テストで測りやすい「認知能力」ばかりに目を向けるのではなく、「非認知能力」にも目を向けた教育・保育・子育てや人材育成が求められているのです。だからこそ「非認知能力」は、いま、そしてこれからの「人育ち・人育て」のために欠かせない、シンボリック（象徴的）な言葉であればよいのではないでしょうか。ともすれば、認知能力に対するアンチテーゼ（逆ブレ）でもありますが、いまはその先の統合的なところへたどり着くまでの大切な過渡期に立っているのだと考えられます。

超加速度的に変化する時代

名称	概要説明
AI時代	AI（人工知能）が社会の中へ普及することによって金融、医療、移動、教育といった人間社会における様々な分野で技術革新に伴う構造変化が進んだ社会。
人生100年時代	医療技術の発展により平均寿命が100歳へ迫り始めている。ちなみに、2007年に日本で生まれた子どもの半数が107歳まで生きられるようになるともいわれている。
VUCA時代	Volatility（不安定）、Uncertainty（不確実）、Complexity（複雑）、Ambiguity（不明確）というこれからの時代の特徴を4つのキーワードの頭文字で表現した。
Society5.0	狩猟→農耕→工業→情報社会を経た、5番目の社会として仮想と現実を高度に融合させた「超スマート社会」が位置づけられている。

このように考えると、兎にも角にも個々の人たちに必要な非認知能力を伸ばしていきたいものですが、ここでもう一つの壁が立ちはだかってくるわけです。つまり、非認知能力多過ぎ問題です！　例えば、柔軟な心の持ちよう（グロース・マインドセット）もあれば、やり抜く力（GRIT）もあります。ほかにも、自制心や忍耐力、回復力（レジリエンス）、意欲や向上心、楽観性や好奇心、外向性や社交

性、コミュニケーション力や共感性・協調性…などなど。非認知能力であれ社会情動的スキルであれ、具体的に挙げていけば相当数のものが挙げられることでしょう。

また、これらを大きく5つに類型化した「性格特性ビッグ5（開放性・誠実性・外向性・安定性・協調性）」といったものもあります。さらに、これらは単独で作用するのではなく、相乗効果をもたらしたり、ときには引っ張り合ったりという関係性にもなっていくので余計に複雑です。

非認知能力にはレベルの違いがある！

もっと深掘りするならば、表面的なスキルから個人の持ち合わせた特性的なものまで階層的な関係になっていることが、非認知能力をますます複雑にしてしまっています。例えば、他者とコミュニケーション（意思疎通）を図ろうとしたとき、上手な話し方や聞き方があります。同じ言語情報であっても、その内容に見合った表情や語調を意識的にコントロールできる人とできない人とでは、相手への伝わり方も変わってくることでしょう。つまり表面的なスキルをいかに持つかが問われてくるわけです。しかし、これらのスキルも、他者に対して払う敬意、他者とのつながりを大切にする価値観、他者とコミュニケーションをとろうとする意欲、他者の心情に対する配慮などがなければ、上っ面だけのコミュニケーションになってしまいます。さらには、その人が生まれてから乳幼児期の段階に形成されてきた外（内）向的な性格や気質が基盤となってくることでしょう。

このような非認知能力のレベルを遠藤利彦（※2：2017年）を参考にして3段階に分けると、27ページの図のようになります。乳幼児期などの早い段階に形成される気質や性格などの基盤となる（深い）非認知能力から、話し方や聞き方、ふるまい方など、意識的にコントロールしやすくトレーニングなどで短期的に習得できる（浅い）非認知能力まであります。すると、後々になって変容しやすいのは浅い非認知能力であり、変容しにくいのは深い非認知能力ということになります。そして、特に本書で注目して伸ばしていきたいのは、先ほどの2つの中間レベルにある行動特性や価値観・自己認識などの非認知能力です。この中間の非認知能力は、発達過程の様々な

3つのレベルから見る非認知能力

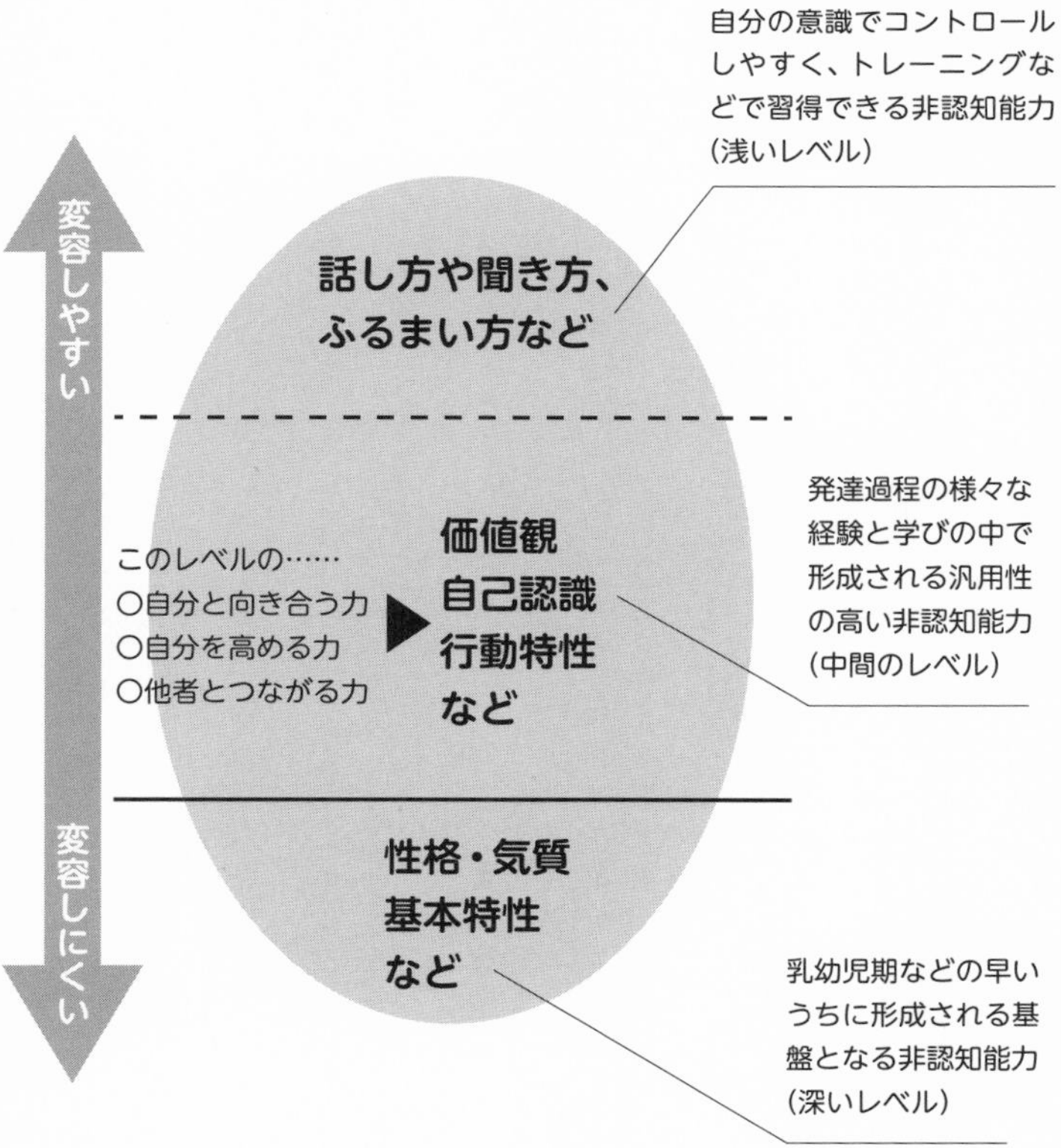
自分の意識でコントロールしやすく、トレーニングなどで習得できる非認知能力（浅いレベル）
変容しやすい
話し方や聞き方、ふるまい方など
発達過程の様々な経験と学びの中で形成される汎用性の高い非認知能力（中間のレベル）
このレベルの……
○自分と向き合う力
○自分を高める力
○他者とつながる力
価値観
自己認識
行動特性
など
変容しにくい
性格・気質
基本特性
など
乳幼児期などの早いうちに形成される基盤となる非認知能力（深いレベル）

経験と学びの中で形成されるため、深い非認知能力とは異なり乳幼児期以降の発達段階（例えば、児童期や青年期以降）であっても伸ばすことができます。また、行動特性や価値観は、話し方・聞き方やふるまい方などを裏付ける役割を果たしています。したがって、浅い非認知能力よりも汎用性が高いため、それぞれを個別具体的にトレーニングで習得するよりも、状況に応じて行動できやすくなるわけです。以上の変容性と汎用性の観点から見ても、中間の非認知能力をぜひ伸ばしていきたいものですね。
ちなみに、余談ではありますが、あの『論語』の中にもこのような教えがあります。

子曰（子いわく）
人而不仁（人にして仁ならずんば）
如礼何（礼をいかん）
人而不仁（人にして仁ならずんば）
如楽何（楽をいかん）

人として思いやる心（仁）がなければ、それは礼儀とも楽しみともいえない。つまり、どんなに立ちふるまいだけを身に付けても、相手を思いやる心がなければ形だけのものになってしまうのです。浅いレベルだけで表面的に取り繕うのではなく、中間のレベルや深いレベルに根差したふるまいが大切であるという教えは、古くから受け継がれてきたことがわかります。

このように考えていくと、非認知能力と総称される力は、随分と複雑に絡み合っていて、レベルも様々に異なりながら構成されていることがわかります。つまり、非認知能力を伸ばそうとしたとき、どのレベルにあるどの力をどのように伸ばそうとしているのかを明確に限定することは決して簡単ではありません。非認知能力の研究についても同様のことがいえます。そもそも、非認知能力と呼ばれている数々の力は、それぞれの分野の専門家たちによって、これまでたくさんの時間と労力をかけて研究されてきたものであり、非認知能力全体として研究するというのは、こうした専門家たちから違和感を抱かれてしまうことになるでしょう。

そして、非認知能力がどれほど獲得・向上できたかを数値化する試みについても、先ほどの複雑さを踏まえると困難極まることは容易に想像できます（そもそも、数値化できた時点で、非認知能力の定義上、非認知能力ではなくなってしまいますしね……）。

伸ばしたい非認知能力を3つの枠組みで提案！

これらの点を踏まえた上で、これからの時代により一層求められるシンボリック（象徴的）な能力（＝非認知能力）を、敢えて次の3つの枠組みによる各能力群として整理しておきます。先ほどの社会情動的スキルと同様の考え方で、自分の内面にかかわる「対自的な力」と他者とかかわる「対他的な力」の2つに大別した上で、さらに対自的な力について自分を維持・調整するための力と自分を変革・向上するための力に分けました。その結果、「対自的な力×2＋対他的な力」の枠組みによる3つの能力群として整理できたのです。

このような枠組みで整理した上で、まず、自分を維持・調整するための対自的な能力群を「自分と向き合う力」と呼ぶことにします。この力は、自分の中で自分と向き合うことによって、喜怒哀楽といった感情の大きな起伏を抑えて安定できるようになります（自制心）。例えば、相手の車の運転にブチギレて衝動的にあおり運転をしないために必要な力ですね。また、辛いことやしんどいことがあっても、そこをぐっと我慢することができるようになります（忍耐力）。さらに、落ち込むことや凹むことがあっても、いつまでもウジウジしているのではなく、気持ちを切り替えて本来の自分の状態に戻すことができるようにもなります（レジリエンス＝回復力）。もちろんこの限りではありませんが、「自分と向き合う力」の代表的な例を挙げてみました。

次に、自分を変革・向上するための対自的な能力群を「自分を高める力」と呼ぶことにします。この力は、例えば現状をもっとよくしたい、もっと自分の力（認知能力も含む）を高めたいなどと新しいチャレンジやレベルアップに臨めるようになります（意欲・向上心）。そのためにも「どうせ私なんて何もできない……」などと思うのではなく、「私ならできる！」と自分の可能性を信じて、奮い立たせる（鼓舞する）ことが必要です（自信・自尊感情）。さらに、イヤイヤやらされているのでは「やる気」も低下していきます。そうならないためにも、「楽しい！　もっとやりたい！」と思える

3つの枠組みで整理した非認知能力

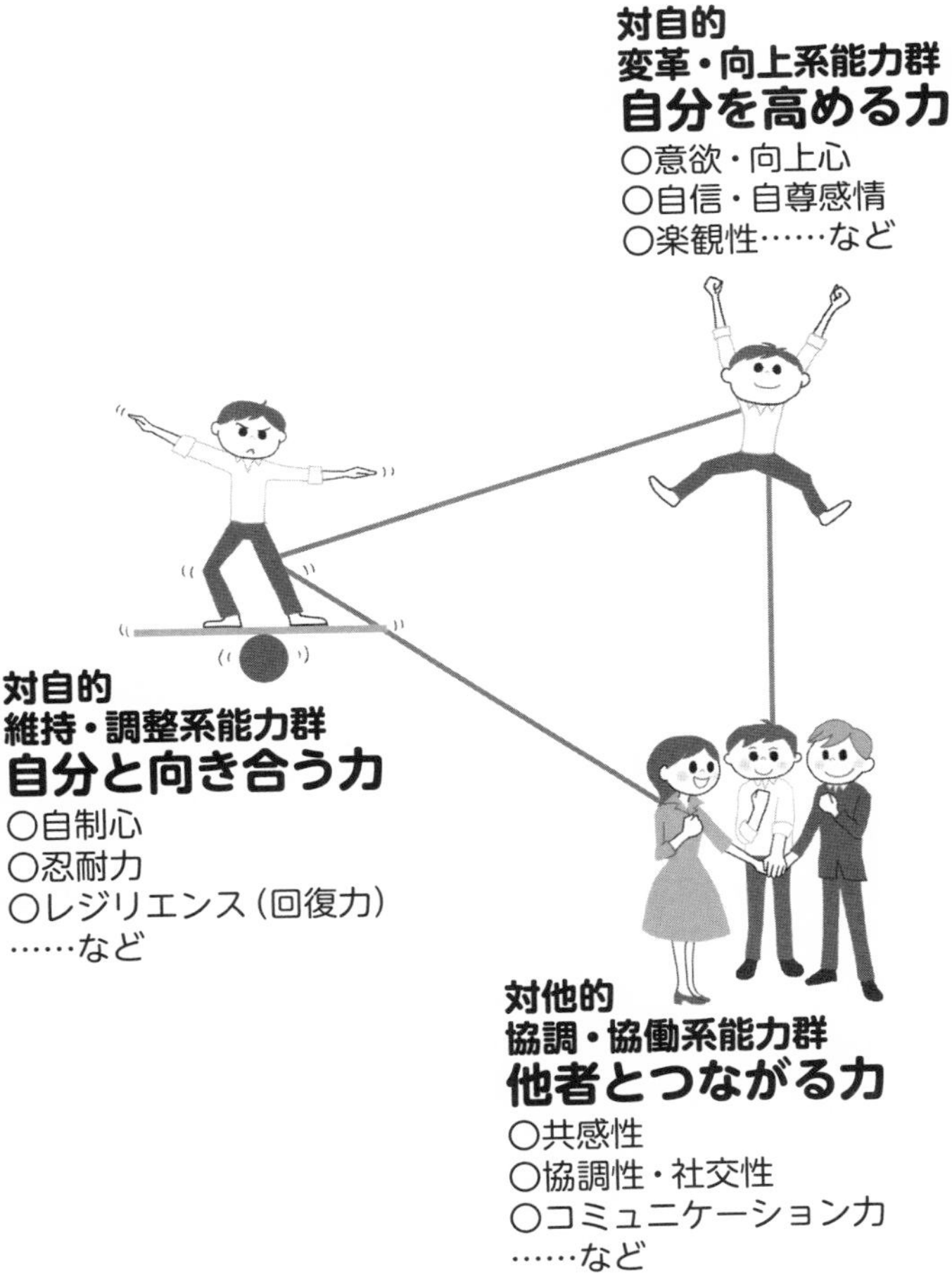
対自的
変革・向上系能力群
自分を高める力
○意欲・向上心
○自信・自尊感情
○楽観性……など
対自的
維持・調整系能力群
自分と向き合う力
○自制心
○忍耐力
○レジリエンス（回復力）
……など
対他的
協調・協働系能力群
他者とつながる力
○共感性
○協調性・社交性
○コミュニケーション力
……など

力（楽観性）も必要です。楽しく感じられるというのは、自分の内側からこみ上げてくる動機付け（内発的意欲）といわれています。勉強や仕事などでも、外側から与えられるアメ（ごほうび）やムチ（ペナルティ）で取り組んでいる人よりも、楽しみながらイキイキと取り組んでいる人の方が魅力的に感じられます。これからの時代は、このように自分から楽しめる人たちを増やしていきたいものです。以上が「自分を高める力」の代表的な例になります。

そして、他者と協調・協働するための対他的な能力群を「他者とつながる力」と呼ぶことにします。まず、他者とつながるためには、その人の表情や言動、その人が置かれている状況やこれまでの文脈などから、その人が何を感じ、思い、意図しているのかを想像的に理解できなければなりません（共感性）。また、周囲のことを考えずに自分勝手にふるまうのではなく、その時々の周囲に合わせながら上手に人づきあいができる力も必要です（協調性・社交性）。さらに、相手との交信（発信と受信）の際に言葉だけでなく、言葉以外の表情やリズム・テンポ・抑揚なども意識しながら、他者との意思疎通を図るための力も求められます（コミュニケーション力）。これらの力によって、他者との円滑な人間関係や協働的な関係を築いていくための能力群「他者とつながる力」が構成されることになります。

なお、これら3つの枠組みによる能力群のレベルは、中間のレベルに設定しているため、話し方や聞き方、ふるまい方などの表面的なスキルのために必要な力ではありますが、個人が早い段階から持ち合わせている基本特性ほど深いものではありません。だからこそ、これらの能力群は、意識することで変えられる（伸ばすことのできる）レベルに位置づけている点が重要なポイントなのです。

3つに整理した非認知能力の関係性

さて、先ほどの通り3つに整理した能力群ですが、それぞれが別々に作用するものではなく、お互いに高め合ったり、引っ張り合ったりするような相関関係があることも前提になります。例えば、「自分と向き合う力」が伸びることで、状況に応じて我慢ができるからこそ他者と協調・協働しようとする「他者とつながる力」にプラスの影響をもたらすこともあり得るでしょう。しかし、気を付けなければ我慢し過ぎてしまい、自分の主張を抑え込むことで、集団の中で自分を埋没させてしまう結果になりかねません。また、「自分を高める力」を伸ばそうとしても、「自分と向き合う力」によって慎重になり過ぎてしまえば、自分を高めるために必要な挑戦を前に尻込みしてしまうこともあり得るでしょう。とはいうものの、何でもかんでも自分を高めようと無謀な挑戦に陥らないようにするために、自制的に自分と向き合う力が必要な場合もあります。一方、ＧＲＩＴ（やり抜く力）のような力は、困難なことでも我慢できる「自分と向き合う力」と自分の可能性を信じられる「自分を高める力」とが一緒に作用することではじめて生み出されるものといえるでしょう。

このように、３つの枠組みに整理したからといって、やみくもにすべての力をもれなく伸ばしていくというよりは、これらの力が求められる状況に応じて必要な力を高め合ったり、引っ張り合ったりしながら使いこなしていけることが大切なのです。だからこそ、まずはこれらの力を必要なときに意識的に伸ばして、状況に応じて意識的に使いこなせるようになっていきたいものです。そのためにも、それぞれの力のプラ

それぞれの力にはプラスとマイナスの面がある

3つの非認知能力群	プラスの面	マイナスの面
自分と向き合う力 自制心 忍耐力 レジリエンス ……など	・いつも安定していて、表情や態度に落ち着きがある。 ・計画などにも忠実で規律正しく、忍耐強さと注意深さがある。 ・辛いことがあっても気持ちを切り替えて、再び取組むことができる。	・周囲に対して自分の感情の変化が理解されにくい。 ・予定になかった突然の出来事に弱く、臨機応変な対応が苦手。 ・ストレスなどの精神的な負荷を抱え過ぎてしまう。
自分を高める力 意欲・向上心 自信・自尊感情 楽観性 ……など	・新しいものを好み、そこに喜びを感じられる。 ・難しいことが立ちはだかっても自分の可能性を信じることができる。 ・いろいろなことに取り組む中で楽しみを感じることができる。	・新しいものを好むために、一つのことを持続しにくい。 ・無謀な挑戦をしてしまい、リスクの想定や計画的な取り組みが苦手。 ・楽しみが独りよがりになってしまい周囲とかみ合わなくなる。
他者とつながる力 共感性 協調性・社交性 コミュニケーション力 ……など	・他者との意思疎通をとりやすい発信と受信ができる。 ・他者の感情や思いをその理由や背景も含めて想像的に理解することができる。 ・人当たりのよさがあり、多くの人と仲良くできる。	・自分と相手との一致感を押し付けてしまいやすい。 ・相手に心を砕き過ぎてしまい、精神的な疲労が生まれやすい。 ・自分の意見をはっきり主張することが少ない。

スの面とマイナスの面の両方を理解しておくことも重要になります。

「見えにくい力」の言語化が大切

先ほどの3つの枠組みで整理した能力群は、決して固定化されているわけではありません。あくまでもモデルケースの一つとしていただき、実際に学校などの各機関で掲げられるときには、独自の枠組みがあってもよいと考えられます。ただし、大切なのはこれらを言語化（具体化）し、関係する人たちと共有しておくことです。そうしなければ、非認知能力のような見えにくい力は、個人ごとに曖昧で感覚的・抽象的なものになってしまい、意識的に何を伸ばし、どこで何を使いこなせばよいのかがわかりにくくなってしまうからです。

しかし、この言語化（具体化）する作業が意外と難しくもあります。例えば、よく小学校の学級目標などで掲げられている「たくましい子」や「やさしい子」はどうでしょうか？　つまり、「たくましさ」や「やさしさ」という非認知能力をクラスの子どもたちに伸ばしてもらいたいわけです。そもそも「たくましさ」や「やさしさ」とはどういうことなのか（定義）、そこにはどんな力が含まれているのか（構成要素）、さらにどんなことができたときこれらの力が伸びているといえるのか（行動指標）を具体的にかみ砕いて言語化するわけです。

学校の先生だけでなく、幼稚園・保育所・認定こども園や学童保育所の先生、一般の保護者、職場の上司や先輩などなど、人を育てたり導いたりする方々にとって、等しくこの課題は突き付けられているのではないでしょうか？　なんとなく（抽象的に）伸ばしてもらいたいと思っているだけでなく、もっとはっきりと（具体的に）言葉にしておきたいものです。このことについては、また後の章で詳しく提案していきます。

非認知能力が伸びるのは幼児期だけ？

ところで、非認知能力は幼児期に伸ばしたい力として紹介されることが圧倒的に多いのですが、幼児期以降ではどうなのでしょうか？　実は、非認知能力は幼児期だけでなく、小学生や中高生、大人（成人）になっても伸ばすことのできる力なのです。特に、自分のことを客観視しながら意識的に行動特性など（中間の非認知能力）を伸ばすのなら、小学生（児童期）以降の方が自分のことをコントロールしやすく、伸ばしやすくなります。ただし、個人の性格や基本特性など（深い非認知能力）に根差したものであれば、これらがはっきりと出やすい幼児期までの方がその影響は大きいといえるでしょう。つまり、27ページの３つのレベルの違いの通りになるのです。非認知能力が様々なレベルを含み込んで総称されているために、生じた誤解ともいえます。

ここで、大人になっても非認知能力を伸ばすことができるという件について、ご紹介しておきましょう。例えば、非認知能力を性格スキルとして論じた鶴光太郎（※３：２０１８年）は、先ほどの「自分と向き合う力」に含まれる精神的安定性や「他者とつながる力」に含まれる協調性については20代以降の方が伸びやすくなることを提起しています。また、非認知能力を実行機能として論じた森口佑介（※４：２０１９年）は、様々な研究結果をもとに大人でも理論上は訓練が可能であるものの、訓練は継続しなければならないために難しいと指摘しています。そこで、実行機能を鍛えるのではなく、うまく働かせることが大切だと提起しているのです。このような様々な提起からも、非認知能力は幼児期までにしか伸ばせない力ではなく、小学生（児童期）や中高生（青年期）、そして大人になってからも伸ばせる力またはコントロールできる力であることがわかるでしょう。

とりわけ本書で取り上げたいのは、児童期以降の発達段階（ライフステージ）において人が意識的に非認知能力を伸ばし、意識的に使いこなせるとしたら、どのように伸ばし、使いこなすことができるのか、そして、そのために私たちはどのようなサポートができるのか、というテーマです。以降の章を読み進めてみてください。

第II章

非認知能力は「自分で」伸ばす力

その人が、非認知能力を自分で伸ばしていくために、私たちにできることは？

私たちは、その人の体験のプロセスを非認知能力レンズで見取り、フィードバックして価値を共有することができます！

★★★　一般の方にかなりおススメ
★★★　専門家の方にかなりおススメ

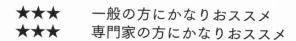

非認知能力は自分の内面にかかわる力

測定したい側にとってテストなどで数値化（点数化）できない力の総称が非認知能力です。非認知能力の中でも、他者とかかわる上で必要な社会的なスキルと、自分の感情をコントロールするために必要な情動的なスキルとがありました。このことを踏まえて、前章では「自分と向き合う力」「自分を高める力」「他者とつながる力」の3つの能力群に整理しましたね。

さて、このように非認知能力をとらえると、それは、自分の性格や価値観、感情などの内面にかかわる力であることがわかります。自らの感情をコントロールするような（対自的な）力だけでなく、他者とかかわるための（対他的な）力もまた自分の内面にかかわる力といえるでしょう。

一方、読み・書き・そろばん、ＩＱ（知能指数）などの認知能力はどうでしょうか？知識を記憶したり、情報を処理したり、これらをアウトプットしたりすることが求められる力たちです。こうした知識・技能寄りの認知能力（認知的な傾向の強い力）と自分の内面にかかわる非認知能力（非認知的な傾向の強い力）とは、もちろん相反する関係ではありません。非認知能力が高まることで認知能力も高められるといった相互作用的な関係にあるほどです。ただし、双方の能力間には「違い」があることも指摘できます。

例えば、「英単語を2000語覚えたい！」と意識したとします。しかし、いくら意識したところで、英単語を2000語覚えるための訓練（トレーニング）が必要です。意識ばかりしていても、実際にそれ相応の訓練に取り組まなければ、よっぽど特殊な才能でもない限り目標達成は難しいでしょう。おわかりの通り、英単語2000語を記憶するというのは、認知能力の方に該当します。そして、英単語だけでなくその他の認知能力にも共通するのは、身に付けたいという意識だけでなく、身に付けるための訓練がセットで必要になってくるという点です。だからこそ、お金をかけてより特別で、効率の良い訓練を求めるニーズが高まり、認知能力として位置づけられる従来型の学力格差と家庭の経済的な格差とが比例関係になりがちなのもうなずけます。

ところが、「今日はいつもより我慢強くしてみよう！」「話し合いの席で意欲的に発

非認知能力は意識することで……

言しよう！」「この場では周囲の人に愛想よくふるまおう！」と意識したときはどうでしょうか？　もちろん、なんらかの訓練が必要なケースはあるかもしれませんが、多くの場合は意識することによって望ましい行動に結びつきやすいと考えられます。人によって得手不得手はあったとしても、意識によって行動が伴いやすい傾向があるわけです。そして、これらは認知能力側でなく、非認知能力側にあります。我慢強さは「自分と向き合う力」の中に、意欲は「自分を高める力」の中に、愛想よさは「他者とつながる力」の中に含まれるでしょう。つまり、非認知能力は自分の内面にかかわる力であるために、内面を意識的に変えていくことで変わりやすい力ともいえるのです。

「意識づけ」がカギ

先ほどのように考えると、非認知能力の高まりが認知能力にプラスの影響をもたらすことも説明できそうです。認知能力の向上には相応の訓練が必要とされます。理想をいえば、誰もが寝ている間に「英単語2000語丸暗記プログラム」を受けて、知らず知らずのうちに記憶できていればよいのですが、そういうわけにはいきません。つまり、訓練はときに辛く困難なこともあるわけです。そんなとき、なんとなく「〇〇したい」という意識のままでは、途中で挫けてしまうことも容易に想像できます。ところが、そこで忍耐力や意欲・向上心や他者との支え合いなどの非認知能力を発揮していけば、挫けそうになっても乗り越えていきやすくなるでしょう。つまり、非認知能力が認知能力の獲得・向上を助け、支えてくれるという関係になるのです。

こんなにありがたい非認知能力ですが、いったいどうやって伸ばすことができるのでしょうか？　また、どうすれば伸ばすためのサポートができるのでしょうか？　ここで重要になってくるのが、先ほどの「非認知能力→自分の内面にかかわる力→自分の意識によって変わりやすい力」という関係です。仮に、一人の親が我が子に忍耐力をつけさせたいとしても、つけさせることはできないというのが本書の持論でもあります。先ほどの関係に基づけば、非認知能力はつけさせるのではなくて、自分で伸ばしていくものだからです。言い換えるならば、自分が伸ばしたい、自分にとって必要だ、という自分自身の意識によって、自らの感情や行動を変えていくことができ、それぞれの非認知能力へとつながっていきます。

それでは、（子どもや生徒・学生、後輩や部下などの）本人ではない（親や教師、先輩や上司などの）私たちにいったい何ができるのでしょうか？　結論からいえば、本人が「伸ばしたい！」「必要だ！」と意識するようになるための「意識づけ」というサポートです。ただし、意識づけはあくまでサポートであり、結果的に意識するかどうかは、本人が決めることです。ポール・タフ（※5：2017年）が指摘するように、私たちは本人にとってあくまで環境であるからこそ、本人自らが意識的に非認知能力を伸ばしていくために、どのような環境になれるのかを考えていく必要があるでしょう。

意識づけのために「ほめる・しかる」

相手（子どもや生徒・学生、後輩や部下たち）が非認知能力を伸ばしていくために、「環境」である私たちができること……。特に、非認知能力を伸ばす上でカギとなる意識づけのために、私たちにできることは何か……。最もシンプルでわかりやすいのは、相手に対して直接「ほめる」または「しかる」ことではないでしょうか？

例えば、子どもができるようになったときや私たちにとって助かることをしてくれたとき、これらを「価値あること」としてほめます。「よくできたね！」「えらかったね！」という声掛けが一般的ですね。子どもにとってほめられたことは認められたことであり、子どももまたこれらを「価値あること」と認識して、それ以降も同じようなことをしようとするわけです。逆に、子どもが危険なことをしたときや私たちを困らせるようなことをしたとき、これらを「価値のないこと」としてしかります。すると、子どももまたこれらを「価値のないこと」と認識して、それ以降は同じようなことをしないようになります（敢えて、もっと私たちを困らせてやろうという場合などは別ですが……）。

こうして、ほめたりしかったりすることは、私たちから「価値のある・なし」を発信し、子どもがそれを受信（認識）してくれることで、その子の行動や習慣、ひいては非認知能力に影響を与えているわけです。つまり、直接的にほめる・しかることによる「意識づけ」とは、私たちと子どもとの「価値の共有」にほかならないのです。しかし、先ほども述べたように、あくまでも価値を共有するわけですから、私たちからの発信を子どもが共有してくれるかどうかは子どもに委ねなければなりません。そのため、価値を共有しやすいほめ方やしかり方もさることながら、私たちが子どもにとって共有したい相手であるかどうかという関係性にも大きく左右されるでしょう。そして、ほめることやしかることだけに限定するのではなく、より対等な関係の中で丁寧に対話することや励ますこと、感謝することや謝ることを通じて、ますます価値の共有は促されていくでしょう。

辻褄が合っていることが信頼関係を築く

ところで、相手との関係性については、相手が私たちをリスペクトできるかどうかが問われます。一緒にいて安心できる（居心地のよい）人、自分のことを尊重してくれる人、自分ができないことをできる人……など、いろいろなリスペクトがありますが、なんといっても普段から言っていることとやっていることの「辻褄《つじつま》が合っている人」が重要になってきます。

つまり、いつも言っていることといまやっていることが違っていたり、この前言っていたこととといま言っていることが違っていたりすれば、相手は辻褄が合っていないことに気づき始めます。その結果、リスペクトできなくなってしまうので注意が必要です。特に、以前に価値あることとしてほめていたことと、いまほめていることとが反対であれば、相手にとって辻褄が合わなくなってしまいます。いわゆる「一貫性」というものがなくなってしまうわけです。

そのため、まずは私たちが何に価値を置き、何に価値を置かないのかをはっきりさせておく必要があります。私たちが持つ「価値の軸」にブレがないほど辻褄は合い、一貫性が生まれ、信頼されるようになってくるのです。このことは、決して子どもや生徒に限ることなく、後輩や部下といった大人同士の関係にあっても同じことがいえるでしょう。

プロセスの中で意識づけを

人は、一定期間の中で何らかのゴールを目指すことがよくあります。例えば、志望校合格というゴールもあれば、大会優勝というゴールもあります。会社の営業マンでしたら、営業ノルマというのも一つのゴールといえるでしょう。そして、そのゴールに到達するためには、一つひとつ乗り越えていくべきステップがあります。志望校合格のために必要な知識を覚えること、偏差値や模試の順位を上げることはステップです。また、大会優勝に向けて技術を習得すること、目の前の試合に勝利していくこともステップです。これらゴールやステップの特徴は、目指すべきことがはっきりしているという点ではないでしょうか。どこを目指せばよいのかがわかるからこそ、人はそこに向かっていくことができるのです。そして、ゴールに向けてこれら一つひとつのステップも含み込んだすべての過程を「プロセス」と呼んでいます。

私たちが相手と価値を共有して意識づけするためには、このプロセスが必要不可欠です。よく「結果ではなくプロセスをほめましょう！」といわれているのも、プロセ

ゴールとステップだけでなく
プロセスを！

達成できたかどうかの
ゴールは見えやすい

一段ずつ上がれたかどうかの
ステップも見えやすい

がんばってきたかどうかの
プロセスは…？

スの中にこそ意識づけできるポイントがあるからだと考えられます。しかし、私たちはプロセスよりもゴールやステップに一喜一憂し、ほめたりしかったりしてしまうのも確かです。なぜなら、先ほどの通りゴールやステップは相手だけでなく、私たちにとっても見えやすいからではないでしょうか。一方のプロセスは見えにくく、その中のどこで意識づけすればよいのか焦点を当てにくいという問題点があります。

そのため、例えば我が子が志望校に合格した場面で、親はとてもわかりやすい志望校合格というゴールにまず喜び、ほめることでしょう。また、そこに到るまでの努力の成果として、偏差値や模試順位が上がったなどのわかりやすいステップにも目を向けるかもしれません。その上で、志望校合格に到るまでのたくさんのプロセスについては、たった一言でこう言ってしまいがちです。「よくがんばったね！」と……。その子にとって最も多くの事柄が含み込まれているプロセスですが、親にとってそこは最も見えにくいため、「がんばった」という一言で大雑把にまとめられてしまいがちなのです。「結果ではなくプロセスをほめましょう！」などとよくいわれているものの、そのプロセスが「がんばったね」の一言で片づけられてしまえば、そこに価値の共有や意識づけができたといえるでしょうか？

そこで、例えばこのような事例はどうでしょう。我が子の合格発表が年明けの3月にあり、無事に志望校へ合格したとします。そこで、その子の母親が56ページのように話し始めたのです。

いかがでしょうか？　志望校合格というゴールや合格のためのステップに加えて、そこに到るまでのプロセスを「がんばったね」と大雑把に伝えるのではなく、これほどまでに丁寧かつ確実に伝えられたわけです。きっとこの子も悪い気はしないでしょうし、母親があのときの自分をそんなまなざしで見てくれていたのかと幸福感にもつながるのではないでしょうか。そして何より、これからも困難な場面にぶち当たったとき、この母親が伝えてくれたクリスマスの場面を思い出し、それを励みにやり抜くことができるかもしれませんね。逆に、せっかくのこんなステキな場面を見落としたり、伝えられなかったりして、結局「がんばったね」で終わってしまえば、この子は母親と価値を共有して、やり抜くことの大切さを意識することはできなかったでしょう。

〈あれはクリスマスの日——〉
くそお わからん!
バン!!
ドキドキ
ドッザーーッ
もう受験なんて
どうなってもいい!
・・・・
・・・・・・・
でもやったる
くそ!やったる!!
?

あなたが志望校に合格できて本当によかったわ。お母さん、とってもうれしいよ！　3年生の夏ぐらいから模試の順位もぐんぐん上がっていっていたしね。

でも、お母さんはあなたが志望校に合格できたこと以上に、とっても大切なことに気が付いたのよ。

あれは、昨年の12月25日……。クリスマスの日だったけど、あなたは机に向かって受験勉強してたよね。あなたは、たしか数学の問題をやってた。途中であなたは数学の問題がわからなくなって、プリントを机から床にバラまいて「くっそぉ、わからん！　もう受験なんてどうでもいいっ！」と言いながら机を叩き始めたよね……。

実はお母さんは、そんなあなたのことが心配で部屋の外から覗いて見てたの。そうしたら、しばらくしてあなたが気持ちを切り替えられたのか、「でもやったる！　くっそ、やったる!!」とつぶやきながら、バラまいたプリントを拾い集めて、もう一度数学の問題を解き始めたよね。

お母さん、あのときあなたが数学の問題を投げ出さずに、もう一度やり始めた姿にすごく感動して、とってもうれしかったのよ！

意識づけのためのレンズを持つ

前章の通り、一言で非認知能力といっても、いろんな見えにくい力が複雑に絡み合っています。そのため、相手が自ら非認知能力を伸ばしていくためのサポートをしようと、私たちが意識づけを試みたとしても、「非認知能力は大事だから非認知能力を伸ばそうね！」と伝えるだけでは、無理があります。先ほどの「がんばったね」と同じように、漠然とし過ぎて、どんな非認知能力を意識して伸ばせばよいのかがわかりません。

そこで、私が整理した2つの対自的な能力群「自分と向き合う力」「自分を高める力」と1つの対他的な能力群「他者とつながる力」を思い出してみてください。せめて「あれも、これも、それも……」と伸ばそうとするのではなく、これら3つの中のどの力に焦点を当てて意識づけしていきたいのかを明確にしてみませんか？　すると、漠然とした全体的な非認知能力ではなく、もう少し具体化された非認知能力への意識づけが可能になります。また、これらは前章でも述べましたが、バラバラな関係にあ

それぞれ関連し合う非認知能力だから……

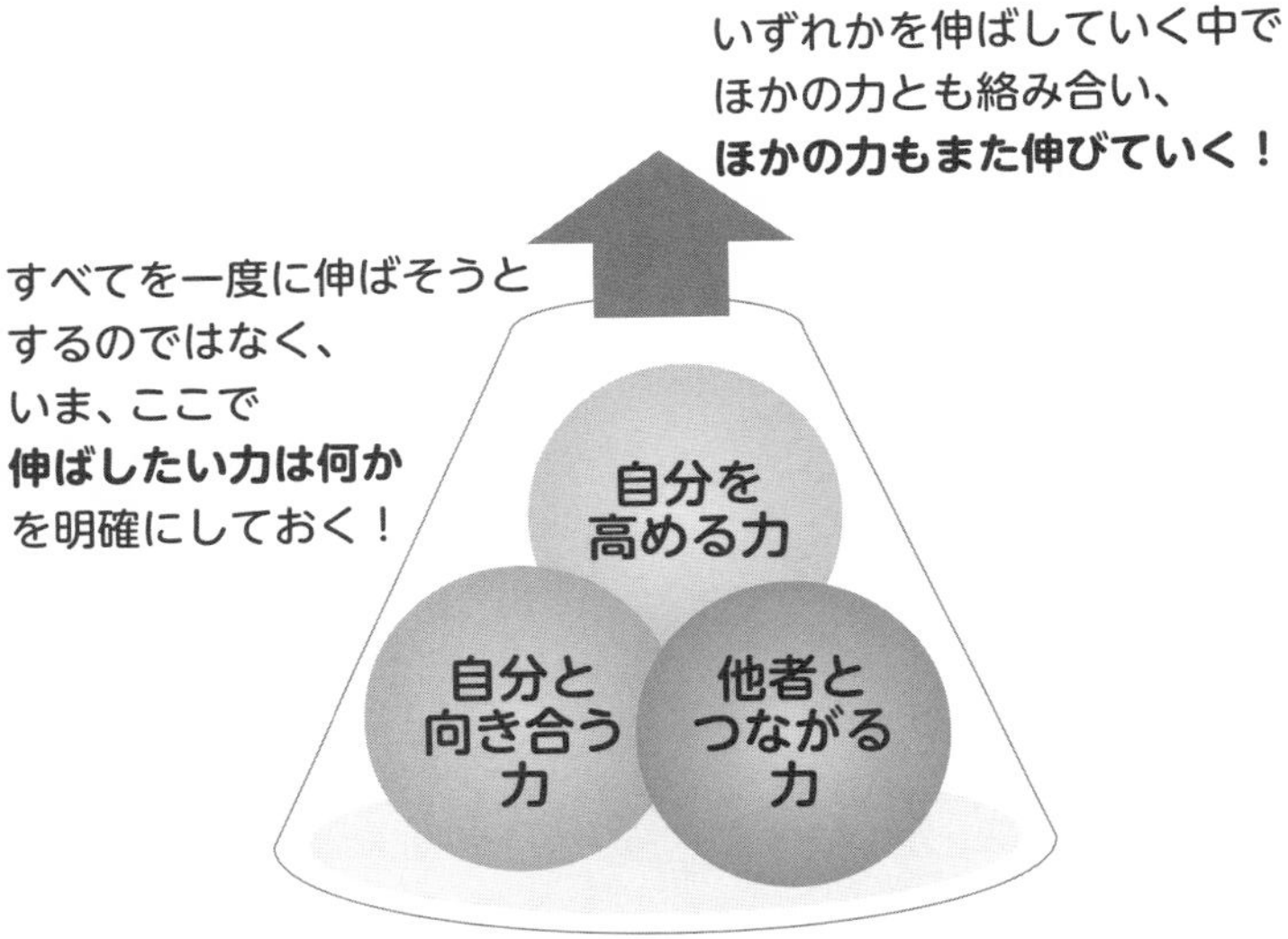
いずれかを伸ばしていく中で
ほかの力とも絡み合い、
ほかの力もまた伸びていく！
すべてを一度に伸ばそうと
するのではなく、
いま、ここで
伸ばしたい力は何か
を明確にしておく！
自分を
高める力
自分と
向き合う
力
他者と
つながる
力

(全体としての) 非認知能力

るのではなく絡み合う関係にあるため、1つの力が意識づけされることで、他の2つの力にも影響を与えることが期待できるのです。

この3つの非認知能力を使えば、先ほどのプロセスの中の意識づけがしやすくなるのではないでしょうか。つまり、私たちにとって最も見えにくい相手のプロセスを、3つの力の観点によって見ていこうという試みです。このように、プロセスの中に観点を当てて、相手の姿を浮かび上がらせていくことは、教師や保育士などの間では「見取る（見て取る）」と呼ばれています。また、私たちは見えにくいものを見えやすくするための道具として、レンズを使いますよね。そこで、私はプロセスの中から相手の姿を見取るためのレンズ（観点）のことを「非認知能力レンズ」と呼ぶようにしているのです。

60ページの図のように3つの非認知能力レンズを使えば、相手のプロセスの中で61ページのように見取ることができますね。このように3つのレンズを持つことで、少なくとも相手のプロセスを3つの観点に分けて見取ることができるようになるわけです。ちなみに、先ほどの事例の母親ならば、受験勉強中の我が子の12月25日の場面を①と②のレンズによって見取ることができたのではないかと考えられます。

非認知能力レンズに磨きをかける

ちなみに、一見すれば凡庸な場面で、ともすれば見過ごしてしまいがちな姿を、敢

プロセスを見取る
非認知能力レンズを持つ

全体的な「がんばった（がんばっている）」を噛み砕く
→プロセスを見取り、認める（意識づける）ためのレンズ！

大人たちが、見えやすい
認知能力だけでなく、見えにくい
非認知能力にも価値を置けば、
子どもは**自らその力を伸ばそうとする！**

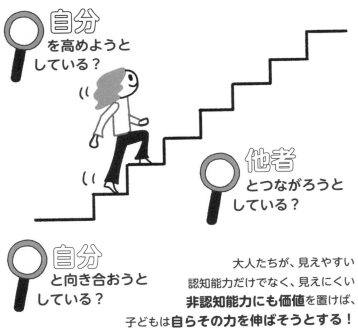

① 自分と向き合う力レンズ

困難なことや凹《へこ》むようなことがあっても、我慢したり、気持ちを落ち着かせたり、気持ちを切り替えたりして、自分と向き合おうとしてきた姿はあっただろうか？　あったとすればそれは、どんな姿だろうか？

② 自分を高める力レンズ

意欲や向上心を持ってやってみようとしたり、自分を信じて挑戦してみたり、楽しそうに取り組んだりして、自分を高めようとしてきた姿はあっただろうか？　あったとすればそれは、どんな姿だろうか？

③ 他者とつながる力レンズ

ほかの人とやりとりしながら、助け合ったり、励まし合ったり、支え合ったりして、他者とつながろうとしてきた姿はあっただろうか？　あったとすればそれは、どんな姿だろうか？

えて明確に意識して見取ることを、心理学では「選択的注意」と呼ばれています。雑然としたパーティーなどの席で、自分の名前や自分のことについての話だけは聞こえてくるといった状態（カクテルパーティー効果）は、選択的注意の一つです。また、車の買い替え時期に自分が買い替えようと思っている車が、やたらと街中を走り始めるといった体験はありませんか？　これもその車の台数が急激に増えたのではなく、その車に注意が向き始めたから増えたように思えてきただけなのです。つまり、自ら選択して注意を向けたということになります。相手のプロセスの中でこの選択的注意を敢えてできるようにして、見過ごすことなく見取っていくために、３つの非認知能力レンズを持ちましょうという提案です。

ところで、非認知能力レンズを持って見取ることに加えて、次のようにさらに磨きをかけていくこともできます。

①非認知能力レンズを持って「変化」を見取る

これまでは漠然（ぼんやり）と見ていたために見過ごしていたけど、レンズを持って以前よりも成長・変化した姿を見取ります。

例えば、これまでなら欲しい物があるとすぐに買おうとしていたのに、一呼吸おいて本当に買うべきかどうかを考えられるようになってきた。**⬇自分と向き合う力**

これまでならできない理由ばかりを言ってやろうとしなかったのに、新しいことに挑戦するようになってきた。**⬇自分を高める力**

これまでなら素直に謝ることができなかったのに、最近は段々と謝ることができるようになってきた。**⬇他者とつながる力（&自分と向き合う力）**

いかがでしょうか？　意外にこのような姿を目の前で見ていたのに、レンズを持っていなかったために見過ごしてしまってはいなかったでしょうか？　特に、書き始めが「これまでなら……」となっているように、これまでと比較したときに見られる成長や変化を見取っていくことをおススメします。

②非認知能力レンズに磨きをかけて「無自覚な姿」を見取る

①のように明確な変化を見取るというよりは、いつしか習慣化するようになり、本

人からすればはっきり自覚しているわけではないけど、そこさえもレンズに磨きをかけて価値ある姿として見取ります。

例えば、これは私の体験談なのですが、以前にこの話を教育・保育系の学生にしたことがあります。さすがに教育・保育系の学生だけあって、①についてはすんなりとイメージできたようです。ところが、この②の段階になってどういうことなのかイメージができず、私に「この無自覚な姿ってどういうことですか？」と質問してきました。私は、できるだけその場の姿を例にしたくて探し始めます。すると、その学生は机の上に置いていたペットボトルの下へタオルハンカチをコースター代わりに敷いていたのです。そこで私は、「例えばそれだよ！」と指をさしました。学生は依然として「?.?.?.」だったので、私から「なんでタオルハンカチをコースター代わりに敷いてるの?.」と尋ねると、学生は「だって、机が（水滴で）濡れるじゃないですか」と答えてくれたのです。「それってステキな（価値ある）ことじゃない？　次に使う人への配慮でもあり、掃除をしてくださる人への配慮でもあるよね！」と言うと、その学生もハッとして「そういうことですか！」と理解してくれました。

このように、本人からすればすでに習慣の中で無自覚、つまり「当たり前」になっていることをこちらから「有り難し（めったにない価値ある）」こととして見取ったのです。①のようにこれまでと比べての変化よりも、すでに普段からなされていることであるため、見取りにくくもあります。そのため、こちらが敢えて当たり前にせずに見取り、その価値を自覚できるように意識づけるのです。これはレンズを持つことに加えて、そのレンズに磨きをかけなければ難しいですね。

③非認知能力レンズに磨きをかけて「否定」を「肯定」に変える

②は本人の無自覚な姿を見取るためにレンズを磨きましたが、ここでは本人が否定的にとらえていることを肯定的に変換して見取るためにレンズを磨きます。専門用語では、「リフレーミング」といわれるものです。

例えば、これも私の体験談ですが、学生たちが就職活動を始めると、志望先にエントリーシート（自己ＰＲや学生時代に力を入れたこと、志望動機などを記入するシート）を提出するようになります。このエントリーシートの相談を受けていると、数人の学生から「私……強みなんて特にないんです……」と相談されるわけです。「新しいことに挑戦しようとしても、つい尻込みしてしまって挑戦できないんです。こんな問題が起きてしまったらどうしよう……などとリスクばかり考えてしまうので、積極的になんてなれませんでした。」などの悩みも聞きます。

ここで役に立つのが、否定を肯定に変えるレンズですね。学生が悩んでいる消極的だった決断や行動は、裏を返せば思慮深く、リスクを想定できる力があるということにつながります。ちょうど「自分を高める力」を「自分と向き合う力」が引っ張りすぎている状態です。たしかにリスクを想定しながら挑戦もできれば理想的ですが、この場合「自分と向き合う力」の方に重点を置けば、肯定的に見取ることができます。私自身も、こうした学生の相談に対して、ときに否定を肯定に変えるレンズを使うようにしているのです。

このように、レンズを持ち、レンズに磨きをかけるというのは、もちろん一朝一夕にできることではありません。特に、私たち自身が感情的になったり、先入観にとらわれてしまったりするほど、難しくなってくるでしょう。いかに、相手との距離感を

非認知能力レンズに磨きをかける

プロセスの中で本人が、はっきり自覚している価値を共有する
（まずはここから！）
曖昧になりがちなことをレンズを持って価値ある姿として見取る
習慣化などによって無自覚になっている価値ある姿も見取る
否定的に認識していることさえ肯定的に価値ある姿として見取る

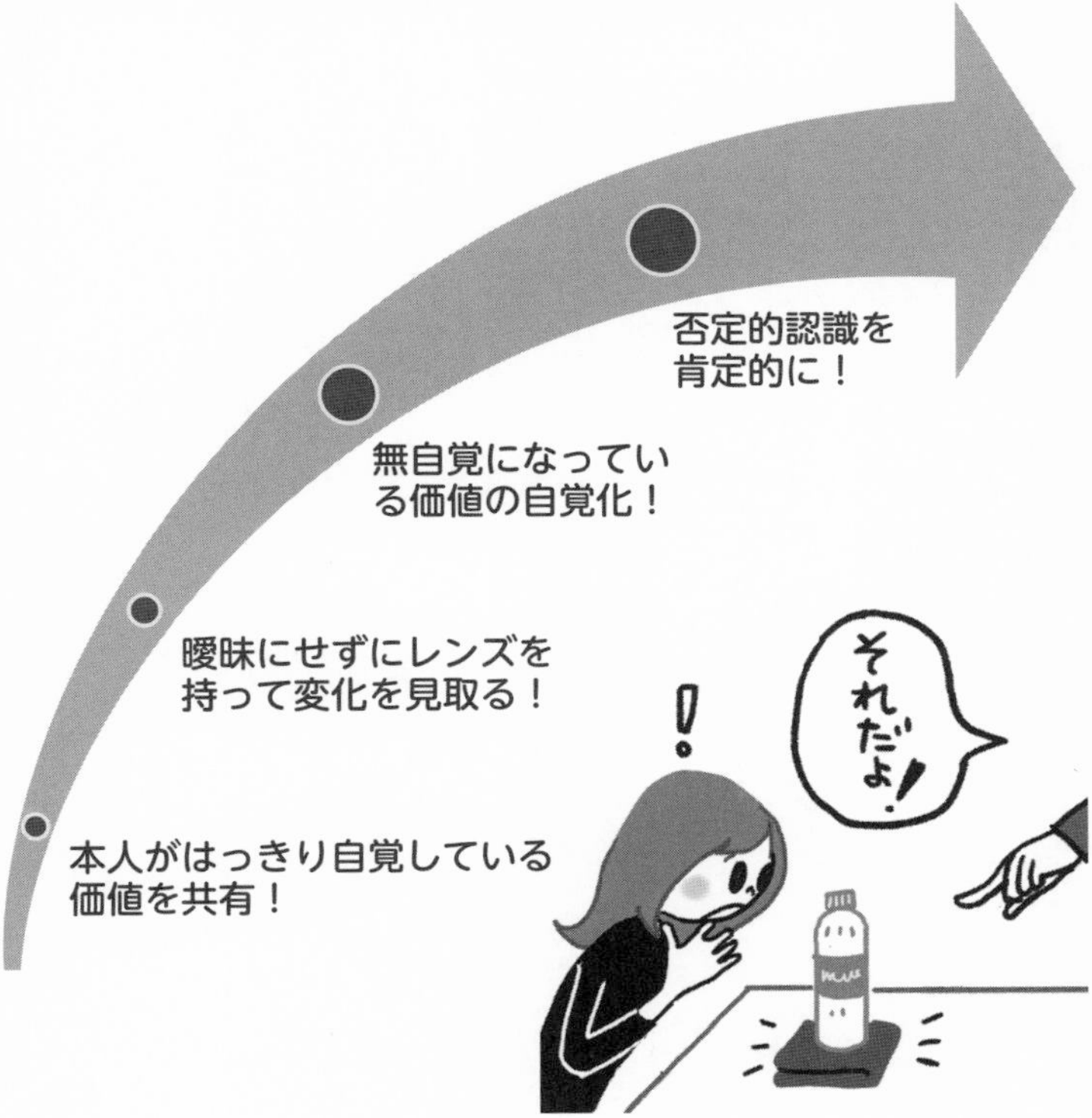
本人がはっきり自覚している価値を共有！
曖昧にせずにレンズを持って変化を見取る！
無自覚になっている価値の自覚化！
否定的認識を肯定的に！
！
それだよ！

上手にコントロールして、様々な角度からとらえられるかがレンズを持った次のステップとして求められてくるのです。また、このように誰かを見取っていく際には、自分一人だけで見取らなくてもよい環境だとありがたいですね。例えば、一人の親だけが我が子を見るのではなく、おじいちゃんやおばあちゃん、保護者友達、地域の大人の方々といった存在は、親とはまた違った距離感や角度によって我が子を見取ってくれることでしょう。学校や幼稚園・保育所、さらにはその他の職場でも、見取った姿をお互いに交流し合うことができれば、それぞれに相手の異なった姿を知ることもでき、見取りの広がりや深まりが期待できます。それが、私たちのレンズに磨きをかけていくことにもつながりますので、おススメしておきます。

非認知能力レンズで見取ったことをフィードバックしよう！

ここまで、相手が自ら非認知能力を伸ばしていくための意識づけを非認知能力レンズによって見取ることで促せるようになると説明してきました。私たちが見取ることができれば、そこから価値ある姿（行動など）の共有につなげられるという提案です。しかし、先ほどの「ほめる」や「しかる」のように、見取ったことを何らかの表現でアウトプットしなければ、共有はできません。また、「ほめる」「しかる」だけに限定するのではなく、丁寧な対話、励ましたり、感謝したり、ときには謝ったりという対等なやりとりも重要であると提案しました。このように、見取ったことを相手にアウトプットして、価値の共有につなげることを「フィードバック」と呼んでいます。

なお、フィードバックは決してほめることだけをおススメしているわけではありません。（やや上から目線の）「すごいね」といわれるよりも（もっと対等に）「ありがとう」といわれる方が、相手にとって伝わりやすい場合も多分にあるからです。逆に、励まされたり慰められたりするよりも、ビシッとしかってもらいたい場合だってあり得ます。相手の状況や場面に応じて、価値を共有しやすい方法を判断することは、フィードバックする上でとても重要なことといえるでしょう（もちろん、それ以前に見取ることができなければフィードバックのしようがありませんが……）。

また、フィードバックの方法もさることながら、タイミングというのも大変重要に

よく持つ方をこちらに向けて返すことができたネ!
ハイ!

なってきます。ここでは、次のように2種類のタイミングについて提案しておきましょう。

①即時的なタイミングのフィードバック

いま、ここで見取ることのできた相手の価値ある姿（行動など）を、そのときに即座にフィードバックすることです。

例えば、我が子が親から借りたハサミを返しに来たとします。その子がハサミの持ち手の方をこちらへ向けて返してくれたその瞬間、「よく持つ方を向けて返すことができたね！」と声をかけます。また、親が洗いものをしている間に、我が子が食卓に残っていた食器を持ってきてくれたその瞬間、「ありがとう！　助かるよ!!」と声をかけます。つまり、いま、ここで見取ったことを、その場ですぐにフィードバックするわけです。すると、フィードバックしてもらえた相手は、いま、ここでやっていることが喜ばれたり、感謝されたりするわけですから、とてもわかりやすく共有したい価値ができます。即時的なタイミングでしたら、見取ることさえできればフィードバックもやりやすく、共有したい価値もわかりやすいのでおススメです。

②適時的なタイミングのフィードバック

この適時的なタイミングというのは、一般的にはあまり聞きなれない言葉です。適時とは、相手にとって適したタイミングといえます。即時的タイミングの「いま、ここ」に対して、適時的タイミングは「この先の、どこかもっとふさわしいとき」にフィードバックをすることになります（その点では、先ほどの志望校に合格したタイミングで母親がフィードバックした事例も適時的です）。

例えば、小学校の運動会でクラス対抗リレーが行われたとします。1位を目指していたクラスでしたが、3番目に走ったカズオ（仮）がバトンを落としてしまったので

す。その結果、アンカーがゴールするまで巻き返すことができず、結局クラスはビリになってしまいました。運動会を終え、その日のクラスでの帰りの会、担任の先生はこう言います。「今日のクラス対抗リレーはビリになってしまって残念だったけどな、先生にとってはうちのクラスが一番だった！　正直、先生はカズオがバトンを落とした後、みんなはカズオのことを責めるんじゃないかと思ってたんだよ。でも、リレーの真っ最中、みんなカズオがバトンを落とした分、一生懸命に巻き返そうと走ってた。リレーが終わった後も、カズオに『ドンマイ』と言う姿はたくさん見たけど、誰もカズオを責めていなかったよな。だ

レンズを持てば、フィードバックができる

即時的タイミング→いま、ここの「それ」で！
適時的タイミング→過去の確実なエピソードで！

レンズを使ったフィードバック（意識づけ）
＝行動強化（Reinforcement）

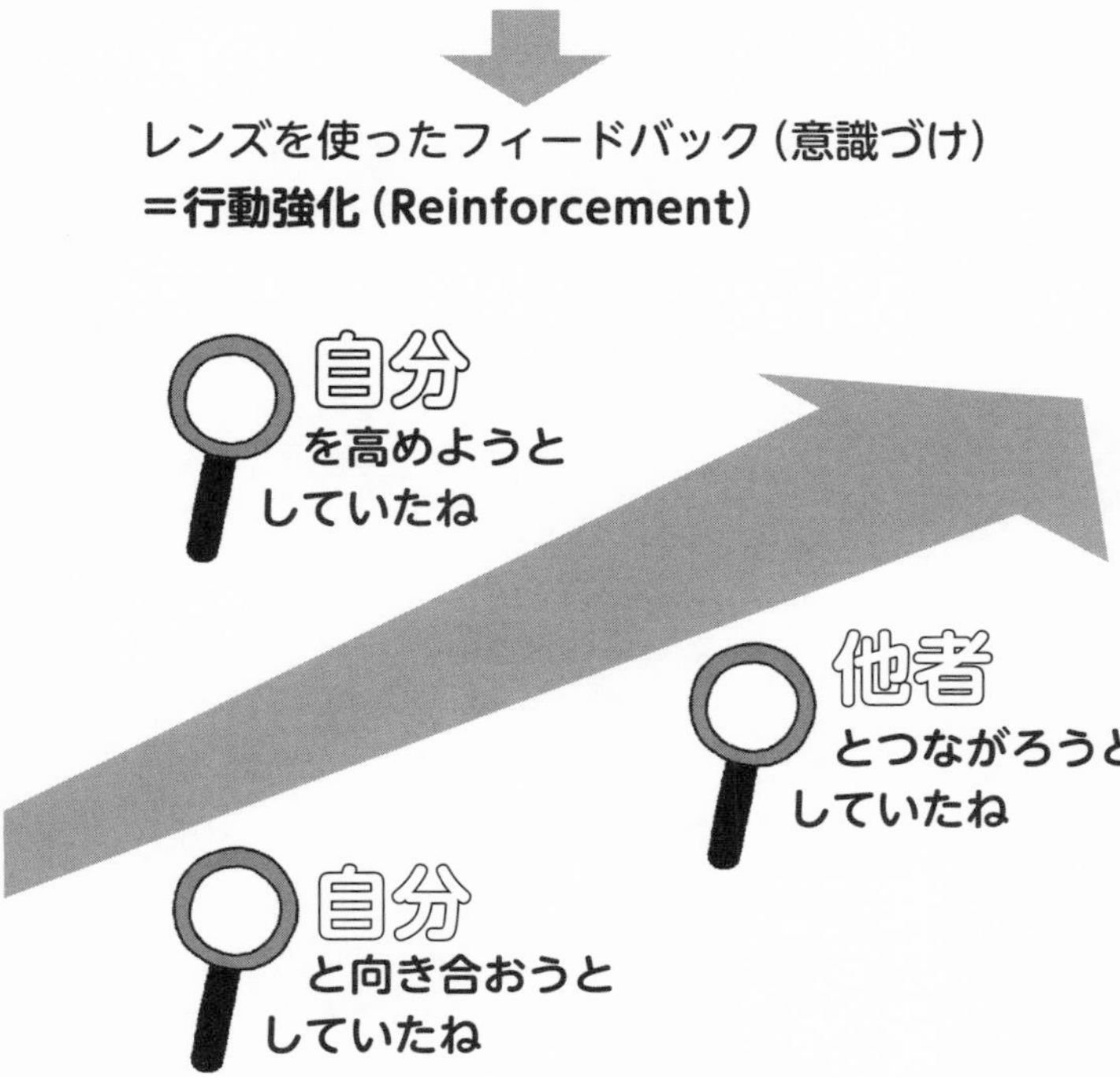
自分
を高めようと
していたね
他者
とつながろうと
していたね
自分
と向き合おうと
していたね

から、先生にとってはこのクラスが一番だったし、このクラスの担任で本当に幸せだと思うよ！」

このようなフィードバックをされれば、クラスの児童たちも価値あることは決してリレーで1位になることだけでなく、クラスメートのミスをカバーして、支え合い励まし合うことにも大きな価値があることをあらためて認識できるのではないでしょうか。そして、このフィードバックは、リレーが行われているときに即時的タイミングで行えるものではないし、行うべきものでもないことがわかります。むしろ、運動会の余韻冷めやらぬ帰りの会のタイミングにフィードバックしたからこそ、クラスの児童たちとも価値をますます共有しやすくなれるのではないでしょうか。

このように、適時的なタイミングでフィードバックすることで、即時的なタイミングのフィードバック以上に価値を共有しやすくなる場合もあります。ただし、適時的なタイミングでフィードバックする際には、適したタイミングは見取った姿の先にあるため、過去のことを伝えなければなりません。つまり、「がんばったね」で終わらせてしまい、いつ、どこで、何を、どのようにがんばったのかが曖昧になってしまう危険性があるのです。先ほどの受験生の母親やクラス担任の先生のように、過去のエピソードを5W1Hレベルでいかに確実にフィードバックできるか、その力量が問われることになるでしょう。なお、幼稚園や保育所、学校の先生方の中には、過去に見取ったエピソードを記録に残して蓄積し、必要なとき（適時的なタイミング）に使うことができるようにしている方々もいらっしゃいます。

見取った姿を相手にフィードバックする際には、「ほめる」や「しかる」などの方法だけでなく、フィードバックのタイミングにも気を付けていきたいですね。ちなみに、このフィードバックの考え方は、行動分析学領域で語られることが多く、専門用語では「行動強化（Reinforcement）」ともいわれています。私たちからのフィードバックによって、相手が自ら自分の行動を変容（強化）させていくわけです。非認知能力を伸ばしていくために、とても参考になると考えられます。

非認知能力レンズが相手の内側にもつくられる

私たちが非認知能力レンズを持って見取り、フィードバックしていく中で、その対象となる相手の内側にも非認知能力レンズがつくられていきます。例えば、寝る前にその日のことを振り返るとします。これまでなら、「こんなことがあった、あんなことがあった」と振り返ってみたり、「あれは楽しかったな、明日はもっと◯◯しよう」と振り返ってみたり……。出来事としてあったことに加えて、その出来事がどうだったかという振り返りもできるでしょう。

さて、そんな中で普段から私たちが非認知能力レンズを持って相手のことを見取り、フィードバックしていたらどうでしょうか？　その時々の価値の共有の蓄積は、やがて私たちが持っているレンズそのものを相手と共有することになっていきます。先ほどのように一日を振り返るときに、「あのとき、よく我慢できたな……」とか「あそこでもっと積極的に発言すればよかったな……」とか「今日はあいつとうまくやりとりできたな……」などと振り返ることができていたら、３つの非認知能力レンズを意識

振り返り（リフレクション）からメタ認知へ

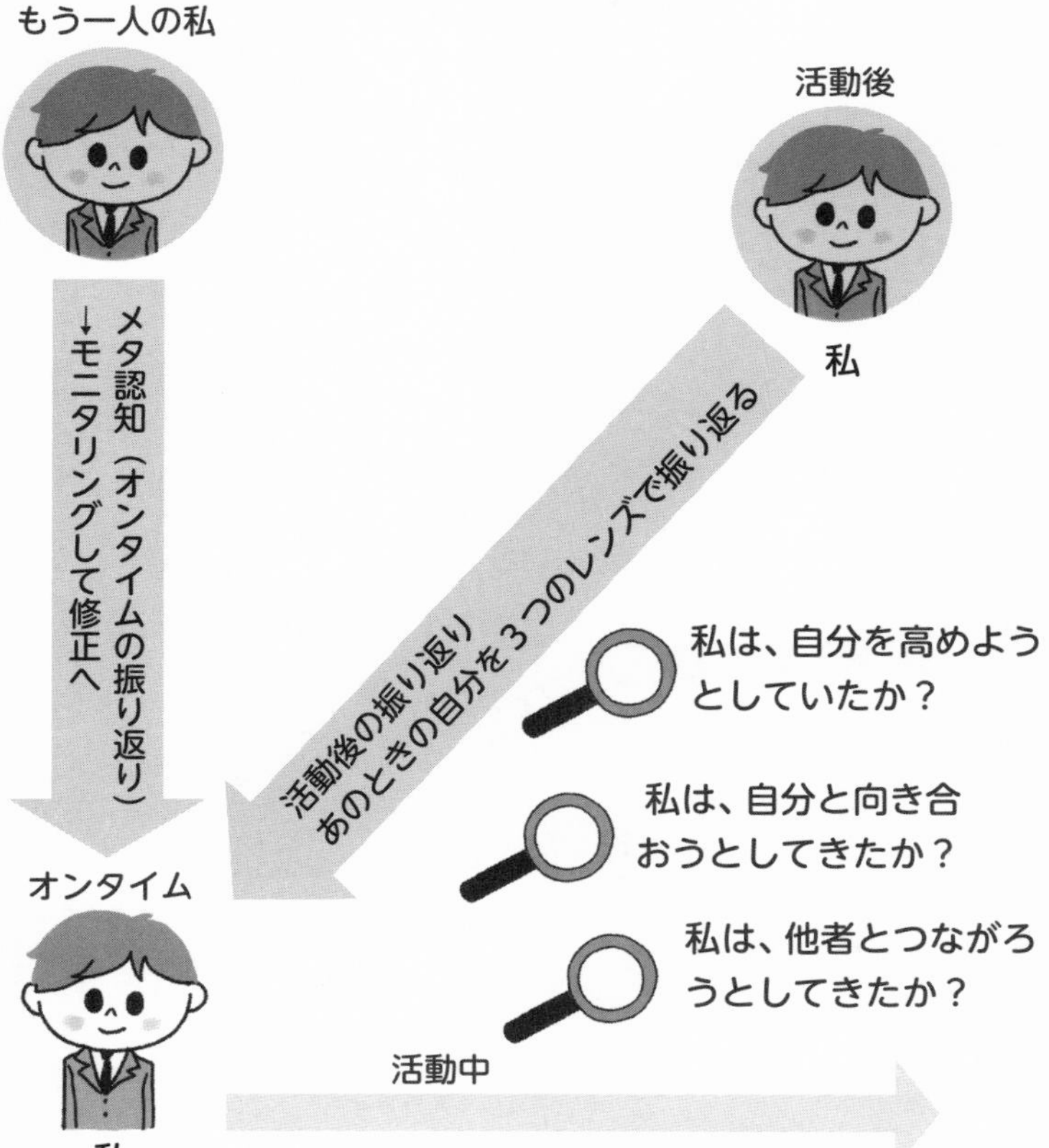
もう一人の私
活動後
私
メタ認知（オンタイムの振り返り）
↓モニタリングして修正へ
活動後の振り返り
あのときの自分を３つのレンズで振り返る
私は、自分を高めようとしていたか？
私は、自分と向き合おうとしてきたか？
私は、他者とつながろうとしてきたか？
オンタイム
活動中
私

できていることがわかりますよね。つまり、私たちが相手のことを見取りフィードバックするうちに、相手が内の目の非認知能力レンズを持ち始めて自らを見取りフィードバックできるようになるわけです。

これは、もちろんその日その日の振り返りだけではありません。先ほども紹介した就職活動のときのエントリーシートなどへ自分の学生生活を振り返って記述するときにも使うことができるのです。例えば、79ページの就活生が記述したエントリーシート（学生時代に最も力を入れたこと、400字以内）をご覧ください。

この記述から、3つの非認知能力レンズによって自らのラクロス部での振り返りをできていることがわかります。そして、ここまで振り返りができていると実際の面接などの場面でも、彼はしっかりと「自分語り」ができるようになります。プロセスの期間が長ければ長いほど、ついつい「自分はがんばってきた」などと漠然となりがちですが、非認知能力レンズをはっきり持つことで、確実なエピソードで振り返ることができ、自分自身の成長・変化を言葉にできるわけです。

また、前著でも述べたように、振り返りはメタ認知につながっていきます。メタ認私は、自分の思いを上手に言葉にできるほうではありません。しかし、「態度」や「行動」を通して、自分の思いを示すことができます。

具体的には、私は大学時代にラクロス部に所属していたのですが、その時に継続して自主的な「筋トレ」を行っていました。もちろん個人的なスキルアップのために行っていたわけですが、理由はそれだけではありません。私の部では、筋力不足が毎年の課題になっているにも関わらず、チームメイトはあまり筋トレが好きではなく、筋トレに来ている人が少なかったのです。
当時補欠だった私は、自分が頑張ることでレギュラーたちにも筋トレに来てもらいたい、それがチームに貢献することだと思い、ひたすら筋トレを続けました。そして、このことがより多くの人を筋トレへ導くきっかけになったのです。

その後、ラクロス部は、2年連続で全国3位という成績を獲得でき、補欠の私がこうした形でチームに貢献できたことが本当にうれしかったです。

これからも、私の持つ「態度や行動で示し続けること」で、周囲の人にプラスの影響を与えていきたいと思っています。

岡山大学3回生　ナカモト　ユウタ（仮）

知ができるようになると、その時々の自分や自分が置かれている状況を「もう一人の自分」の目でモニタリングできるようになり、オンタイムで行動などの修正を可能にするのです。つまり、様々な状況に応じて自分が発揮する非認知能力を意識的にコントロールするためにも、メタ認知は欠かすことができません。非認知能力レンズを持って、自分自身を見取りフィードバックするような質の高い振り返りの蓄積は、質の高いメタ認知にもつながりますので、超おススメです！

第Ⅲ章

非認知能力を伸ばす「仕掛け」

相手（子どもや生徒、後輩や部下）が、非認知能力を自分で伸ばしていくために、私たちがもっとできることは？

相手の体験のプロセスの中に、非認知能力を伸ばすためのギミック（仕掛け）を使うことです。

★★　一般の方におススメ
★★★　専門家の方にかなりおススメ

「仕掛人」になる！

前章では、相手（子どもや生徒、後輩や部下など）が非認知能力を伸ばしていけるように、相手が見せる様々な姿（行動など）を「レンズ」で見取り、フィードバックすることについて説明してきました。そうすれば、相手が私たちと非認知能力に裏づけられた価値を共有でき、その価値あることを自分から意識的に伸ばしていけるという提案でした。

さて、この第Ⅲ章では保育・教育・人材育成などの場で、私たちがさらに専門的にできることを提案していきます。レンズでの見取りとフィードバックは最もベーシックな方法であり、相手が見せてくれる姿を観察者になって見取ることが前提になっています。レンズを持って観察者に徹しなければ、いま、ここにある現象の中から相手の様々な姿を見取ることは難しいとも言い換えられそうです。つまり、どうしても私たちが受け身にならざるを得ないという点は致し方ないことでしょう。

そこで、本章では観察者のような受動的な見取りに加えて、仕掛人のような能動的なアプローチについて提案しておきます。ちなみに、本章のキーワードは「ギミック」です。

ギミックで「望ましい姿」を引き出す！

ギミックとは、「仕掛け」を意味します。私たちが相手に何かを意図的に仕掛けることで、相手がやってみたくなったり、やろうとしたりするように仕向けていくのです。

例えば、一人の親が、我が子にもっと意欲的にほかの国への興味・関心を持ってもらいたいと思っていたとします。このとき、「もっと意欲的に興味を持ちなさい」「もっと世界に目を向けなさい」といくら声高に言っても、多くの子どもは応じてくれないでしょう。そこで、敢えて世界地図を家の壁に貼っておいたり、地球儀を置いてみたり、ネットやテレビから流れて来る外国のニュースや情報が目に入りやすいようにしたりと、我が子が意欲的にほかの国への興味・関心を持てるようなきっかけ（＝ギミック）をつくるわけです。そこで、我が子が興味を持ち始めてくれたとしたらギミックは成功ですね。

このように、相手が見せてくれる姿を待っているだけでなく、相手から望ましい姿を引き出すために能動的に仕掛けていくこともできます。もちろん、あくまでも仕掛けですので、その仕掛けに応じてくれるかどうかは相手に委ねなければなりません。これまでも述べてきた通り、非認知能力は相手に付けさせるものでも外側から伸ばされるものでもなく、自分で伸ばしていくものです。したがって、相手の「やってみたい」「やってみよう」という意思が尊重されてはじめてギミックになり得るのです。言い換えるなら、環境の中で非認知能力を伸ばせるわけですから、この環境そのものへ（ギミックによって）意図的に働きかけてみようという考え方になります。

ちなみに、保育や教育にかかわる優れた専門家たちは、このギミック自体の内容づくりや使い方に長けています。子どもや生徒たちを引き付ける題材をギミックとして選び、絶妙なタイミングで使うことができるわけです。なぜなら、そもそも保育や教育の分野では、これまでたくさんの時間と知恵と研鑽を重ねて、本章でギミックと呼んでいる活動や環境への働きかけを確立してきたからです。

保育・幼児教育における「環境構成」という名のギミック

待機児童問題や幼保一体化、無償化など、盛んに変動し続けている保育・幼児教育では、これまでも非常に高度な専門性が確立されてきました。この点で、我が国の保育・幼児教育は、海外から有名なやり方を輸入するだけでなく、もっと日本式のすばらしさを世界へ発信するべきだとさえ思うほどです。

例えば、第Ⅰ章でも紹介した経済学者のヘックマンが着目したペリー就学前教育では、遊びや子どもの自発的な活動を重視して、定期的な家族支援にも取り組んでいました。これらが非認知能力を伸ばし、将来的な基礎学力や年収・持ち家率などにプラスの影響をもたらすことの検証が試みられたわけです。このペリー就学前教育の内容は、これまでの日本の保育・幼児教育の中でもずっと大切にされてきたことではないでしょうか。

子どもの「楽しい！」「やりたい！」などの内側から込み上げる意欲によって遊びははじめて「遊び」になります。そして、子どもたちはもっと遊びたいから、さらに楽しいことを考えようとしたり、ルールを守ろうとしたり、遊び仲間たちと折り合いをつけようとしたりするのです。近年、保育や幼児教育領域の専門家たちが「遊びこそ非認知能力を伸ばす上で大切！」という提案・検証を積極的に行っていることは大いにうなずけます。

繰り返しになりますが、私は日本の保育・幼児教育は世界に誇るべきであり、そこに従事されている保育士・幼稚園教諭の方々の高度な専門性も適正に高く評価されるべきだと確信しています（ただし、子どもの育ちではなく一部の保護者のニーズばかりを見て、本来の保育・幼児教育ではなく取ってつけたような付加価値を優先している場合は除きますが……）。

さて、この保育・幼児教育では、以前から「環境構成」の重要性が共有されてきました。子どもたちへ大人が直接的に働きかけて何かを身に付けさせるのではなく、子どもたちの成長・発達につながる環境を意図的につくり、その環境の中で子どもたちが自ら身に付けていけるようにするという間接的な働きかけです。例えば、次ページのような事例を挙げることができるでしょう。

【事例】

5歳児クラスを担任している保育士（女性）がいました。この保育所では、5歳児の今期の保育目標に「遊びなどの場面で、子どもたちは折り合いをつけることができる」を掲げています。この保育目標を意識していた彼女は、ちょうどこの日、10人の子どもたちが砂場遊びをしていることに着目したのです。彼女は、そこで……

①「みんな、折り合いをつけて遊ぼうね！」と一生懸命に声をかける
②10人いるから10本のスコップを用意してあげる
③2人に1本として5本のスコップを用意してあげる
④1本だけスコップを用意してあげる
①～④のどれを選ぶことにしたでしょうか？

いかがですか？　みなさんだったらどれを選びますか？　ちなみに、この保育士さんは③を選び、実際に5本のスコップを用意しました。すると、子どもたちはお互いに「かして」「いいよ」と言い合いながら、スコップの貸し借りを始めたのです。

もし、ここで彼女が①を選んだとしたら、先ほども述べた通り直接的過ぎて、これから折り合いをつけられるように育っていく子どもたちには「？？？」と理解できないことでしょう。折り合いをつける経験をしてこそ子どもたちは、はじめて折り合いをつけることの意味や折り合いをつけることの大切さを学ぶのですから……。次に、②もお互いに折り合いをつけながらスコップの貸し借りができるという機会を生み出せないため、あまり適切とはいえません（もちろん、状況にもよりますが……）。そして④ですが、10人が1本のスコップを奪い合う……、これから折り合いをつけようとする子どもたちにはさすがにハードルが高過ぎる（修羅場になりすぎる）かもしれないですね。このように保育士たちは、日常的に保育目標を意識し、いまの子どもの状況から育ってほしい子どもの姿を引き出すための環境構成に努めているのです。

この事例では、「砂場に用意した5本のスコップ」という環境構成が、本章で提案したギミックになっています。子どもたちが「折り合いをつける」ためには、自制心などの「自分と向き合う力」も必要でしょうし、コミュニケーション力などの「他者とつながる力」も必要です。これらの力を子どもが自分で伸ばしていけるような環境を意図的につくり、実際に子ども同士が折り合いをつけながらスコップの貸し借りをするという姿を引き出したわけです。これができれば、非認知能力レンズを持って子どもの姿を受動的に見取るだけでなく、子どもの姿を能動的に引き出した上で、「待ってました！」とばかりに子どもの姿を見取ることができます。もちろん、このあとで「○○ちゃん、上手にスコップを貸してあげられたね！」などの（即時的な）フィードバックもしていきたいですね。

「相互主体的な学び」という考え方

さて、さらに専門的（マニアック）な話になっていきますが、ご了承ください。

本章で提案するギミックや先ほどの環境構成の考え方は、教育方法学の世界では「相

相互主体的な学びとは？

教えたいことを直接教えずに教育活動へ

ギミック（仕掛け）を用いる！

→主体的・対話的で深い学びの実現

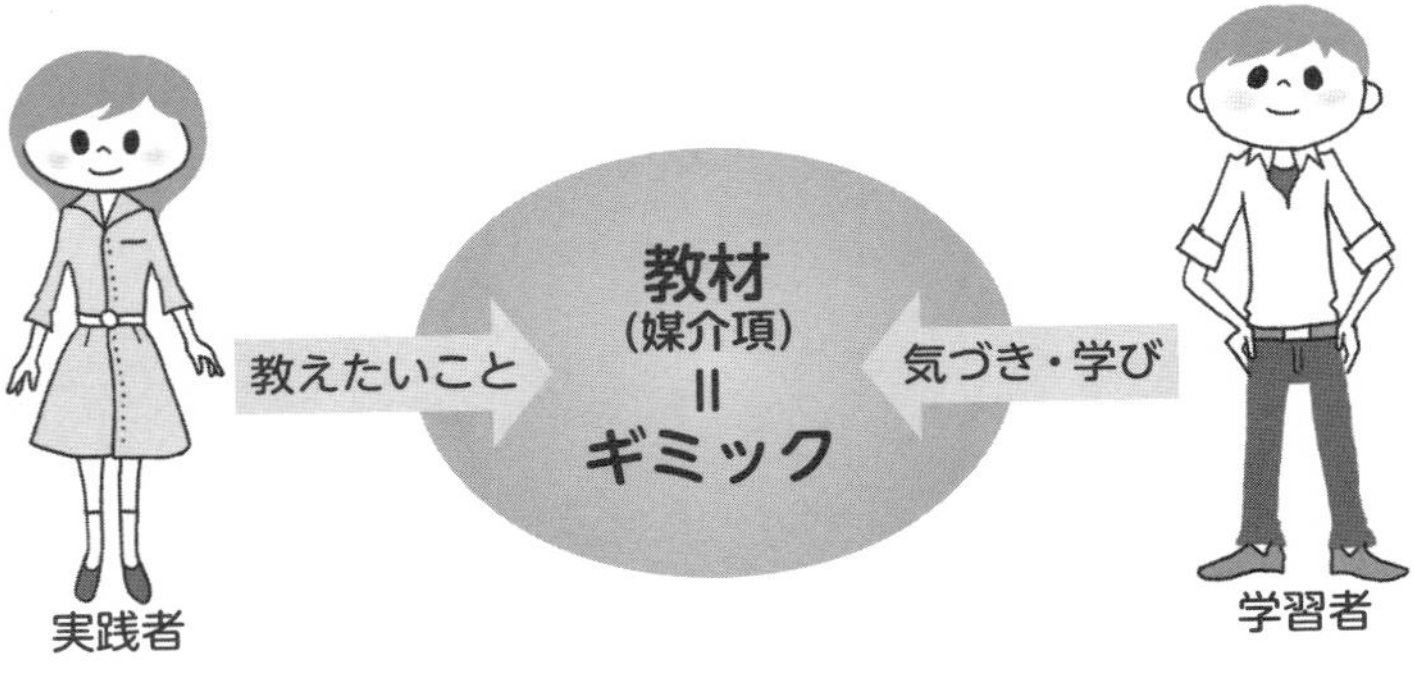

教える主体 ―― **相互主体**的な関係 ―― **学ぶ**主体

相互主体的な学びをつくり出すための媒介項

（PBLのプロジェクト活動、ディスカッションのテーマ……など）

互主体的な学び」といわれてきました。例えば、学校の教師は生徒たちに諸々の教科内容を教えます。言い換えれば、生徒たちに教えたいこと（＝習得してもらいたいこと）が教師にあるわけです。このとき、教師は「教える主体」になりますが、教師が授業の中で一方的に生徒へ教えたとすれば、生徒は「教えられる客体」になってしまいます。この「主体—客体」の状態では「相互主体的な学び」になり得ません。「相互主体的な学び」は、文字通り教師と生徒のお互いが「主体」であることが前提となるため、生徒が客体になってしまった時点で成り立たなくなるからです。それでは、どうすれば教師と生徒のお互いが主体になり得るのでしょう？

90ページの図のように、教師は教えたいことを直接的かつ一方的に教えるのではなく、教師が生徒に学んでもらいたいことを「教材」の中へ埋め込みます。そして、それを授業という活動の中に設定します。生徒はこの「教材」を通じて自ら知らなかったことに気づいたり、わからなかったことを理解したりするのです。このとき、生徒は「教えられる客体」ではなく、「学ぶ主体」へと変わります。「教材」を教師と生徒の間に媒介項として設定することで、お互いが主体になれるという考え方です。この

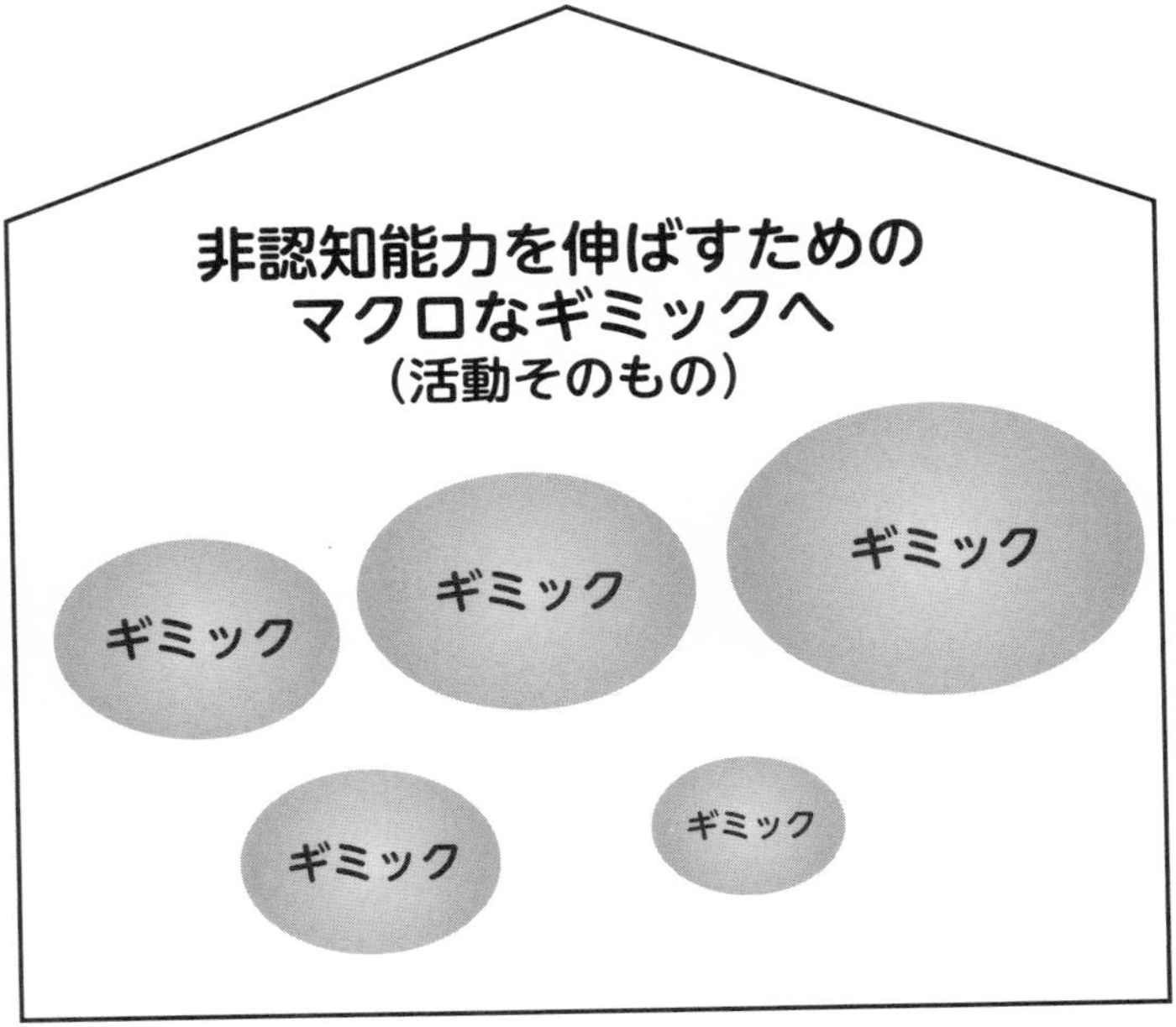
非認知能力を伸ばすための
マクロなギミックへ
(活動そのもの)
ギミック
ギミック
ギミック
ギミック
ギミック

考え方に基づくならば、アクティブラーニングと呼ばれる学び方が、教育現場で少なからず起きてしまっている「(単なる) お隣さんとの話し合い」になってはいけないことがわかります。教師が生徒に学んでもらいたいことが教材として設定されていれば、周囲の生徒たちと協力して学び合うことからますます学びを深めていけるでしょう。つまりアクティブラーニングには、単なる話し合い活動が求められるのではなく、生徒同士が一緒に探りたい深めたいと思えるような教材の設定が前提にな

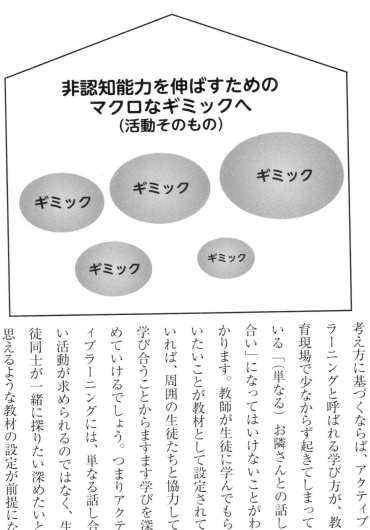

ければならないのです。そして、ここで紹介してきた「教材」こそがギミックですね。私たちが提供する活動そのものが、非認知能力を伸ばせるような（マクロな）ギミックになるためには、砂場遊びの５本のスコップや授業中の教材などが（ミクロな）ギミックとして組み込まれていなければなりません。ちなみに、優れた教師ほど、散歩中に見つけた看板やふと目にしたネットの記事、テレビ番組や漫画の一場面などなど、たとえ勤務時間以外であったとしても教材を見付けようとアンテナを張っているものです。

「どんな非認知能力を伸ばしたいか」を明確に！

ここまで紹介してきた環境構成や教材設定は、これまで保育や教育領域の専門家たちの手によって実践の中で確立されてきました。いかに子どもたちを引き付け、いかに子どもたちの学びや育ちを引き出せるのか、環境の構成や教材の設定は決して簡単にできるものではありません。本章で提案しているギミックも同じことがいえます。しかし、保育及び幼児教育や学校教育などの専門的な場ではなくても、子育てや地域活動、さらには社会人の人材育成などで、レンズに加えてギミックも活用していただけることを強く願っているところです。

そこで、ギミックをどのように使っていくのかについて提案していきます。まず、何より重要な点は「どんな力を伸ばしたいのか」をあらかじめはっきりさせておくことです。これは、レンズで相手の姿を見取るときと同じことがいえます。相手の姿を見取る際に、あらかじめ意識的に非認知能力レンズを持ちましたね。見えにくい力を見えやすくするためのレンズです。つまり、見えにくい力を引き出すために用いるギミックも、あらかじめ見えにくい力を見えやすくしておかなければ、どんなギミックを使えばよいかがわかりません。

そこで、ギミックを見えやすくするために、レンズと同じく3つの非認知能力を使って整理してみました。

① 自分と向き合うためのギミック

困難なことや凹むようなことがあっても、我慢したり、気持ちを落ち着かせたり、気持ちを切り替えたりして、自分と向き合えるようになるためには、どんなギミックがあるだろうか？

② 自分を高めるためのギミック

意欲や向上心を持ってやってみようとしたり、自分を信じて挑戦してみたり、楽しそうに取り組んだりして、自分を高めるようになるためには、どんなギミックがあるだろうか？

③ 他者とつながるためのギミック

ほかの人とやりとりしながら、助け合ったり、励まし合ったり、支え合ったりして、他者とつながるようになるためには、どんなギミックがあるだろうか？

ギミックとなる「環境や教材」は特別なものでなくてよい

95ページのように整理しておけば、あらかじめ①・②・③のギミックの中から伸ばしたい力とこれらの力に裏付けられた引き出したい姿（行動など）をはっきりと意識できます。ちなみに、このギミックは主に非認知能力を伸ばすために意図された活動そのものの中へ組み込まれることになるでしょう。しかし、だからといってギミック（環境や教材）は、別にスペシャルでオリジナルである必要はないのです。この点はくれぐれもご注意ください。よくある「○○向上プログラム」や「△△力セミナー」みたいなものでなければ、非認知能力を伸ばすためのギミックにならないわけではありません。むしろ、ギミックはそんなに大それたものである必要はないのです。

例えば、歯磨きを60秒程度でチャチャッと終わらせてしまう我が子へ、もっと時間をかけて丁寧に歯磨きをするように促したとします（このときには、「時間をかける」をさらに具体的にしておきましょう。3分間歯を磨こう、砂時計の砂がなくなるまで歯を磨こう……など、具体的でわかりやすい提案をおススメします）。この歯磨きの提

意図的なギミックで学びのデザインを！

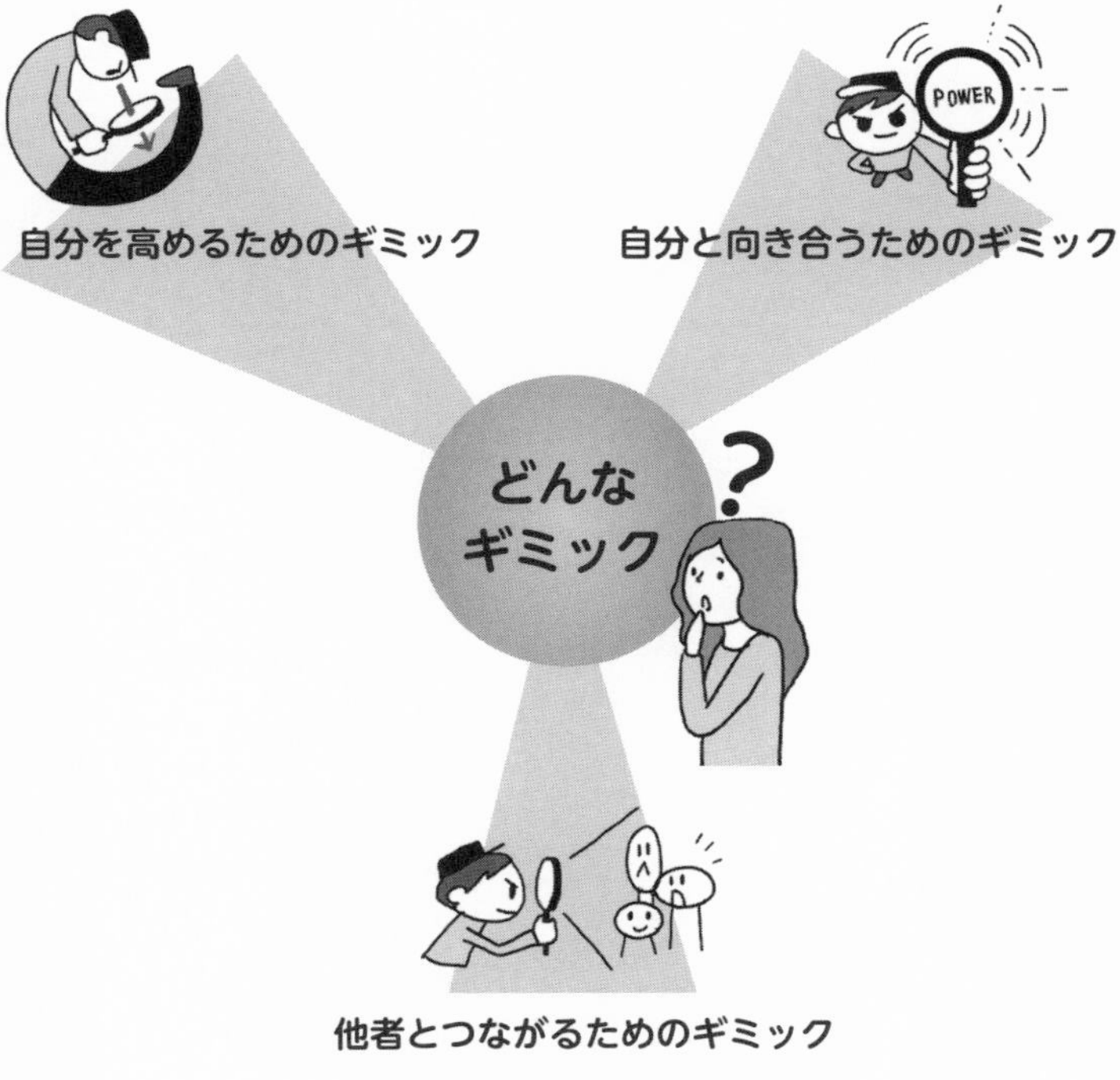
自分を高めるためのギミック
POWER
自分と向き合うためのギミック
どんなギミック
?
他者とつながるためのギミック

案はもちろん歯をきれいにして虫歯予防につなげることが一番の目的になっています。

しかし、このときにもっと時間をかけて丁寧に歯磨きをするというギミックが、「①自分と向き合うためのギミック」にもなるのではないか、ととらえてみてはどうでしょうか？　たしかに一定時間の我慢にもつながりますし、丁寧な作業を通じて気持ちを落ち着かせることにもつながりそうです。我が子がもっと時間をかけて丁寧に歯磨きができるようになっていくにつれて、虫歯予防だけでなく「自分と向き合う力」もまた伸ばし始めているのかもしれない、と我が子の姿を見取りフィードバックできるようになるとよいですね。

ダイエットでさえ、必ずしも「○○をすれば成功する」ということはありません。その人の体質、性格、生活習慣などに応じて、その人に合ったダイエット方法を選ぶ必要があります。つまり、必ずしも「△△をすれば□□力（なんらかの非認知能力）が伸びる」とはいえないのです。個々の特性や状況に応じて、伸びていく非認知能力は異なってくることでしょう。だからこそ、どのようなギミックが相手にとって非認知能力を伸ばす上で効果的なのかはわかりませんが、こちらがギミックを用いるときには、このギミックで3つの非認知能力（のいずれか）を伸ばしてほしい、というはっきりした意図を持っておきたいものです。

このように考えると、職場の後輩にもっと「他者とつながる力」を伸ばしてほしいと意図して多業種交流会に誘ってみる、部活動の同期と次の大会に向けてお互いにモチベーションを高めること（自分を高める力）を意図して同期と一緒に朝練をやってみる……などなど、私たちの生活の中にはギミックが組み込まれた活動（この場合、多業種交流会や朝練）はたくさんあるのです。ただし、これらがはっきり意図して組み込まれたギミックなのか、日常生活の中に意図せず埋め込まれたものなのか、同じ活動であっても意味合いが変わってきます。

そして、これらのギミックを使ったからといって、相手の非認知能力が少年漫画のように瞬間的かつ劇的に伸びることはないでしょう。あくまでも相手が自ら非認知能力を伸ばしていくためのきっかけを提供しているに過ぎないのです。

ただし、このきっかけが本人の意識づけを促すことになる可能性は十分あり得ます。また、私たちが意図した非認知能力のギミックが、私たちが意図しなかった非認知能力につながっていく可能性もあり得ますし、普段から何気なくやっていたことの中に「これって案外、ギミックになるじゃん！」といった場合もあり得ます。これらの可能性も楽しみながらギミックを仕込んでいきたいものです。

ギミックで「参加、参画、協働」のプロセスを！

先ほどのように相手に伸ばしたい非認知能力や、その力に裏付けられた引き出したい姿をはっきりさせて活動の中へギミックを仕込んでいきます。このとき相手にとっては、この活動そのものが体験になるわけですが、このギミックは体験のプロセスを豊かにしているといえます。なぜなら、ギミックを仕込んで体験のプロセスが豊かになればなるほど、相手の非認知能力を伸ばすきっかけになり得るからです。そして、このギミックによって生み出される体験のプロセスには、重要な3つのプロセス「①参加、②参画、③協働」があることを提案しておきます。言い換えれば、ギミックを仕込む際に伸ばしたい非認知能力をはっきりさせるだけでなく、3つのプロセスを生み出せるかどうかを意図しておくこともおススメです（もちろん、必ずしも3つすべてのプロセスを生み出せない場合もあります）。

①ギミックで「参加」のプロセスを！

まず初めに、ギミックで相手が興味・関心を持って自発的に「参加」できるようなプロセスを生み出したいものです。どんなに非認知能力を伸ばすにふさわしいギミックであったとしても、本人がそれを望まなければギミックを仕込むことはできません。だからこそ、子どもたちの場合には遊びが非認知能力に有用であることがわかります。なぜなら、自分から望んで遊びに参加しない限り、遊びとして成立しないわけですから……。

それでは、学校教育における授業ではどうでしょうか？　最初から自発的に授業へ参加してくれていれば「言うことなし」ですが、中々そうはいきませんよね。そのためにも、先ほど紹介したアクティブラーニング（学校教育では「主体的・対話的な深い学び」）が、その効果を期待されているわけです。ただし、単にお隣と対話するだけの「なんちゃってアクティブラーニング」では、自発的な参加どころか、させられている活動になる場合も多分にあることでしょう。

その点では、教材に工夫を凝らして、授業の導入段階から生徒の自発的な参加を促せるようなギミックを用いる授業実践が求められます。そして、そこから学習面で得られる認知能力だけでなく、生徒の粘り強い取り組みや生徒間のコミュニケーティブな議論を引き出し、非認知能力の伸長にまでアプローチしているような事例があるのです。実際に、私が２０１９年に拝見した全国各地の様々な授業をとってみても、このような事例を散見することができました。

例えば、愛知県にある愛知教育大学附属岡崎小学校では、かねてより生活と学習の融合を重視した「生活教育」に取り組んでいます。ここでは、体育の授業で取り組んだ「ボッチャ（パラリンピック公式種目の一つで革製のボールを的になるボールのできるだけ近くに投げ合って競うスポーツ）」を算数の授業にも連動させていました。ボッチャの合計得点を効率よく出すためにはどうすればよいかについて、算数の「足し算」の単元の中で議論するのです（１年生）。児童たちがボッチャのゲームに引き込まれていく中で、得点を一つひとつ数えた方がよいのか、足し算を使った方がよいのかといった問題意識（問い）が生まれ、算数の授業で活発な議論を繰り広げていました。その議論は、まさに児童たちにとって「自分ごと」だったのでしょう。1年生にもかかわらず、自分の言葉で熱っぽく発言していた姿はとても印象的でした。

また、この学校ではそのほかにも遊びで使っているブランコの水たまりをはけさせるために、どのような方法があるのかという問題意識（問い）から、水と土や砂の関係について理科の授業の中で試行錯誤している場面もありました（4年）。こうした教科間や生活と学習との結びつきから「学びたい」と思える問いを「自分ごと」として立てることで、様々なギミックが生まれ、授業への自発的な参加へとつなげているわけです。

ほかにも、奈良県にある育英西中学校の、国語の文法の授業（中2）では、104ページのような教材（ギミック）が用いられていました。

（スマホを見せながら）
A「これ、昨日ググってみたの。写真小さいけど見れる？」
B「よゆーで見れる！」
A「かわいくない？」
C「うん、超かわいい！」
A「ピンクいとこがいいよね」
B「なんかほかのとちがくない？」
C「うん、ちがう。これ、なにげにほしいかも」
A「わたしはすごいほしい！」

この教材を使って、生徒たちはこれらの新用法は「日本語」として問題なのかを真剣に議論し合い、日本語の文法について学びを深めていました。この教材もまた身近な「自分ごと」の問いから始まっていることがよくわかります。現実にある「自分ごと」からかけ離れた「させられる授業」では、単に認知能力の獲得・向上を押し付けられるにとどまってしまうのではないでしょうか。しかし、これらの授業で用いたギミックは、生徒たちの自発的な参加のプロセスを生み出していました。そして、自らすすんで学びたいという意欲・向上心や試行錯誤を繰り返す忍耐力、他者との議論の中で折り合いをつける力などの非認知能力（学習指導要領の「学びに向かう力・人間性等」）の伸長へアプローチしていたと考えられます。

②ギミックで「参画」のプロセスを！

さて、ギミックで参加のプロセスを生み出すことの大切さと事例の紹介をしましたが、実はこの参加のプロセスには次の段階があります。それが参加した活動そのものに自ら主体的に変化（修正・改善、創造など）を起こしていく「参画」です。自発的に参加したままではよかったのですが、この段階ではまだ私たちが提供した枠を超えていません。つまり、私たちが提供した枠から、さらに「自分ごと」としてこの枠を超えていけるような変化を起こしてくれることを期待したいわけです。

例えば、前著でも紹介した、岡山県にあるＡ・Ｍ・Ｉ学童保育センターでは、子ど

「あみ屋」でお店番をする子どもたち。

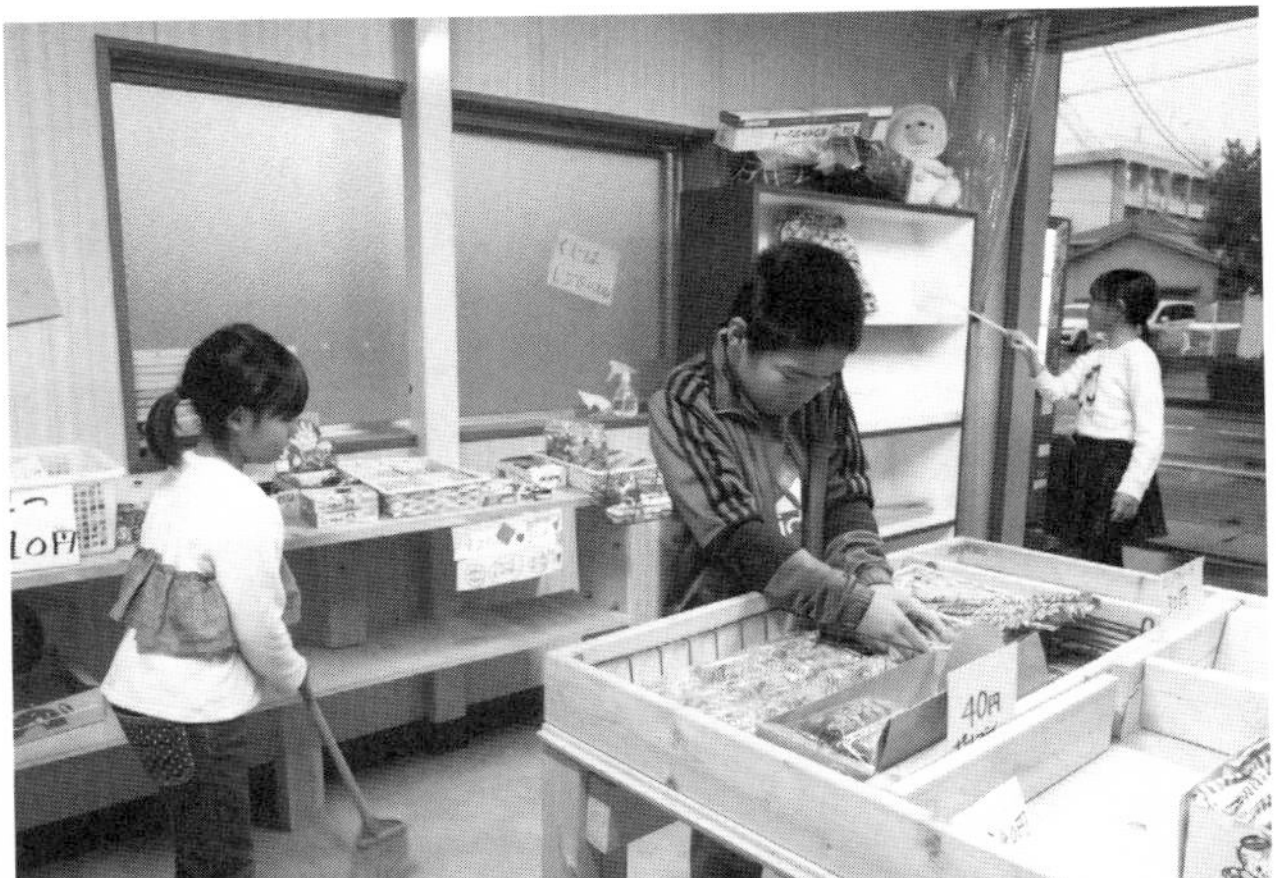

「あみ屋」の清掃や商品の陳列をする子どもたち。

もたち（小学生）とスタッフたちが一緒になって「あみ屋」という駄菓子屋を始めました（写真は実際の様子）。しかし、この時点では、まだ一緒に取り組んでいるスタッフの枠を超えているとはいえませんでした。たしかに、子どもたちは店の売り上げを出すために、頭をひねり、話し合い、日常的な収支の計算や商品管理などに精力的に取り組み始めますが、ここまではスタッフにとっても想定の範囲内だったからです。

ところが、子どもたちは、そこからより多くの人たちへ販売するために出張販売というアイデアを出して実行したり、あまり売れていない商品の置き方を工夫したり、より多くのお客さんに来てもらえるようにイベントやプレゼントを準備したりとスタッフの想定外のことに次々と取り組み始めたのです。子どもたちにとって「あみ屋」はスタッフの想定以上に「自分ごと」となり、自分たちでさらなる問題点を見出し、自らより良くするための課題解決に取り組んだことがわかります。当然のことながら、こうした新しい課題を自ら設定し、解決に向かっていけば、用意されていた枠の中以上の非認知能力が求められることになるでしょう。

このように、非認知能力を伸ばすためのギミックによって、仕込んだ側の私たちの想定を超えていき、決して予定調和ではないプロセスを生み出すことも可能となります。そのためにも、私たちは想定の範囲内で「置きにいく」ことに安心するのではなく、むしろ相手が想定外のことを私たちの目の前で繰り広げてくれることに喜びを感じたいものです。

③ギミックで「協働」のプロセスを！

ギミックによって自発的に参加し、主体的に参画できるプロセスを生み出す中で、できればもう一つ生み出したいのが他者と一緒に取り組む「協働」のプロセスです。ギミックによって協働するプロセスが生まれれば、「他者とつながる力」を伸ばしていくきっかけになりやすいのは言うまでもありません。しかしそれだけでなく、参加から参画へとプロセスが進んでいくためにも他者との協働のプロセスは必要になってくるでしょう。自分一人だけで取り組むことには限界がありますので、他者と支え合い、励まし合うこと、さらには自分一人ではできないとらえ方や考え方を他者がしてくれれば、活動そのものに広がりや深まりが生まれてきます。

この「協働」とは、複数の人たちが目的を共にして、その目的を達成するためにお互いの強さを生かし合い弱さを補い合えるように、それぞれの役割を果たすことを意味しています。目的の共有はお互いの連帯感を強めることにつながり、役割認識は自分を知り相手を知ることにつながるでしょう。したがって、この協働のプロセスが生み出されるためには、目的があり共有されていること、お互いに果たす役割がありお互いを生かし（補い）合えていることが条件になってくるわけです。ギミックによって協働のプロセスを生み出したいなら、例えば敢えて一人ではできないようなギミックを仕込めばよいでしょう。チームスポーツなどが非認知能力を高めやすいのは、まさにこの協働が作用しているからといえそうですね。チームスポーツは、ルールそのもので人数が設定されているため、複数で一緒に取り組むことが必然となります。また、チームスポーツ以外の活動であっても、一人だけではできないようなギミックを敢えて仕込んでいけば、協働のプロセスを生み出しやすくなるわけです。

例えば、私が拙著（※6）『学童保育実践入門―かかわりとふり返りを深める』（かもがわ出版）でも取り上げた学童保育所での次の事例はどうでしょうか。

【事例】

イクオ(２年生)は、2学期になっても小学校の片隅にある砂場で、一人黙々と木の枝を片手に砂を掘り続けている。ときに、イクオのやっていることをめずらしそうに見に来た子どもが手を出そうものなら、「やめろっ！」「手え出すなっ！」と大声で怒鳴り、パンチまで飛び出してくることもあった。

そんなイクオのことが気がかりだった指導員は、「むっちゃくちゃ大きなダンボールの家を作ってみない？」と彼に提案する。イクオは「やる！やる！」と意欲いっぱいの二つ返事。ただし、ここで指導員は、彼に二つの提案(①一人では難しいから一緒にやってくれる仲間を探してほしいこと、②クラブのダンボールを使うから完成した後も一人占めしないでほしいこと)を出した。

この二つの提案をすんなりと了解し、仲間探しを早速始めたイクオは、同級生のゴロウに声をかける。すると、「やるやるっ！」と二つ返事のゴロウ。指導員は、日頃から穏やかなゴロウなら、イクオともきっと気が合うだろうと思った。

ダンボールを広げる二人。一生懸命に「ああだ、こうだ」というイクオ、にこやかにうなずくゴロウ、予想以上に二人の雰囲気はよかった。するとそこへ、ほかの子どもたちも「何するん？」と興味津々に寄って来る。その時イクオは、「寄ってくんなっ！」と怒鳴り声を発してしまった。すぐさま指導員は、「イクオ！　ダンボールの家が完成したらみんなで楽しむんだよね？　だったら、もうちょっと楽しくなるようなことを言ってあげたら？」と声をかける。あらかじめの提案が功を奏したのか、それからのイクオは「お楽しみに〜っ！」と声をかけ始めた。そんなイクオを真似て、ゴロウも「お楽しみに〜っ！」と続ける。

そうするうちに、「イクオ、オレにもやらせて！」とまわりから声をかけられた。イクオがOKを出すと、次々に「オレも！」「わたしも！」と声がかかり、男女・学年問わず20人近くもダンボールの家作りに加わり始めるのだった。それからというもの、イクオは仲間たちに的確な指示とアイデアを出し、ゴロウは補修作業や片付けなどの細かなことをやり、二人は周りから「親方」と呼ばれるようになっていった。さらに、ほかの子どもたちも、手先の器用さが必要な仕事や力仕事など、それぞれの得意分野で力を発揮し始めていた。

ところが、いよいよ「ダンボールの家」にペンキを塗ろうという前日、イクオは急性盲腸炎で入院してしまう。イクオの状況を知り、病院に駆けつけた指導員は、少し前のイクオが、クラブでみんなの中に入りづらいと言っていたこと、ダンボールの家作りがとても楽しいと言っていたことを母親から聞いて胸を熱くした。しばらくして、手術後のイクオが運ばれてくる。指導員が「イクオ！　ダンボールの家なんだけどね……」と話しかけると、閉じていたイクオの目がパッと開いた。そんな彼に、「イクオが帰って来てから、スプレーをやってもらうからな。心配せんでもいいからな！」と告げた。

次の日、イクオのことを知った子どもたちから、自ずと「イクオが帰ってくるまでスプレーを待とう！」という言葉が発せられ、指導員は胸をなでおろした。さらに、イクオのお見舞いに行くと言い始め、代表の8人が行くこととなる。彼らは、みんなが作った折鶴やチューリップ、「イクオ、はやくげんきになってかえってきてね！」「おやかた、はやくいっしょにいえをつくろう！」「おやかた、スプレーのことは心ぱいしなくていいよ！」などと書かれた手紙を携えて病院に向かった。しかし、なにぶん痛くてしゃべることもままならないイクオに、一方的にお見舞いを手渡すにとどまることとなってしまった。

そんなイクオだったが、後日「オレの仲間がつくってくれたんよ！」とお見舞いの数々を看護師さんたちへ自慢していたとのことだった。そして、イクオの退院後、「ダンボールの家」は無事に完成。それから3ヶ月後、「ダンボールの家ブーム」もすっかり下火になったある日のこと、「先生、オレなぁ、盲腸とってイライラもとれたんよなぁ〜！」と、誇らしげに話すイクオだった。

ぽつん…
イクオ君、何してるの？
よるな！
これ〜!!
ねぇ
イクオ君、むっちゃくちゃ大きなダンボールの家、作らない？
そのかわり、2つ約束しよう！
① 一人では難しいから、一緒にやってくれる仲間を探してほしい！
② クラブのダンボールを使うから、完成した後も一人占めしないでほしい！
どうだ？やれるか？
うん、やる!!
コクン
ゴロウ君、一緒にやらない？
やるやる！
じ〜〜〜〜〜っ
あーして こーして
うんうん

何やってるの？
くるな！
あっち行け！
イクオ！
ダンボールの家が完成したら、みんなで楽しむんだよね？
それなら、楽しくなるように言ってあげたら？
楽しく…なるように…？
ヨイショ
ヨイショ
ねえ！何してるの？
お楽しみに〜♪
私も手伝わせて！
私も！
オレも！

できた！
あとは色ぬりだけだネ！
スプレーはイクオがやりなよ！
賛成！私もそう思う！
いよ！オヤカタ！
エヘヘ
イタイ！
イクオ！
ピーポーピーポー
あ、先生！
急性盲腸炎だそうです。
イクオ、最初はみんなの中に入れないって言ってたんです。
手術中
だけど最近は
ダンボールの家づくりがとっても楽しいって…

イクオ
スプレーはイクオにやってもらう
ささと
ワイ
イクオを待ってよう!!
手紙を書こうよ!
ワイ
だから
心配せんでもいいからな。
ニコ!
オレの仲間が作ってくれたんよ!
エー
スゴーイ♡
その後
あのね、先生…
ん?
オレなぁ、盲腸とってイライラもとれたんよな〜♪
ハハハハハ……

この事例は学童保育所ならではの子ども同士の関係性が見られます。何よりも周囲とのかかわりに対してネガティブになっていたイクオでしたが、彼の興味・関心を踏まえて、自らすすんで参加できるような提案がされていました。そして、彼の「やりたい」を実現するためには、仲間との協働が必要不可欠になるというギミックこそ「むっちゃくちゃ大きなダンボールの家」であったわけです。彼の「やりたい」という思いが、彼に周囲とのかかわりを受け入れることを促し、仲間たちとダンボールの家の完成という目的も共有されていきます。さらに、アイデアを次々と出してくれるイクオ、イクオのフォローにまわるゴロウといった二人の「親方」をはじめ、ほかの子どもたちも自分の強みを生かし始めました。

このイクオにかかわる一連のプロセスから、ギミックによって協働のプロセスを生み出すことは、イクオやほかの子たちの「もっと○○したい！」という参加や参画のプロセスを生み出すための促進剤になっていることがわかります。そして、「イライラもとれた」というイクオの語りからもわかるように、「むっちゃくちゃ大きなダンボールの家」というギミックが協働や参加・参画のプロセスを生み出し、様々な非認知能

力の伸長へとつながったのではないでしょうか。

もちろん、一人だけで取り組む活動は他者と協働のプロセスを生み出せないからダメだというわけではありません。一人で取り組むようなギミックもあります。ただし、もし複数の他者と一緒になって取り組むような活動ができるのならば、ぜひとも協働のプロセスを意識しておきたいものです。

ＰＢＬの第一段階は「パーソナルプロジェクト」から

ここまで紹介してきたギミックは、小中学校や高校、大学の教育の中でも積極的に用いられるようになってきました。その代表ともいえる方法が、「プロジェクト・ベースト・ラーニング（課題解決型学習。以下、ＰＢＬ）」です。特に、高校教育では学習指導要領の改訂により、これまでの「総合的な学習」という授業が、２０２２年度から「総合的な探究」として位置づけられ、より一層主体的に課題を設定し解決に向けて取り組むことが重視されるようになります。この方向性は、従来型の学校教育のような知識の押し付けや教え込みからの脱却です。生徒たちが自ら問い（課題）を立て、その問い（課題）の解決に向かう中で学びを深めていくという教育のあり方は、これからの時代を視野に入れるならば必要不可欠ともいえるでしょう。

それでは、ほかの先進国ではどうでしょうか。実は、ＰＢＬの導入について我が国は決して進んでいるとはいえないのです。先進国の中で、すでに当たり前のようにPBLに取り組んでいる国は少なくありません。

例えば、イエナプランでも話題を集めているオランダのある公立小学校の1年生たちは、シリアの難民問題を学校で知り、文房具を送ってあげたいと思い立ちます。そして、学校主催のフリーマーケットへ出店するために自分たちで商品を作り、実際に販売するのです。そして、見事に目標金額を達成し、文房具を送ることができたという話をオランダ在住の知人の方（実際に取り組んでいた小学1年生の母親の方）から聴きました。この話を聴いたとき、「小学1年生」という学年に驚愕を覚えたことはいまでも忘れられませんし、オランダの学校制度は日本と異なるため、小学1年生といっても、彼女の娘さんは、当時5歳ですからさらに驚かされたものです。

このような他国の事例を知ると、我が国の子どもたちは大丈夫かな……と不安に駆られてしまいますが、不安になっていても仕方ありません。私は、このPBLを学校教育の現場だけでなく、家庭や地域といったプライベートから、部活動や仕事の中でも行うことを提案しているのです。

特に、その第一段階として「パーソナルプロジェクト」をおススメしています。文字通り、個人的（パーソナル）なプロジェクトを設定し、そこに取り組むわけです。言い換えるなら、「やりたいことをやってみよう！」ですね。初めから自分のやりたいことなので、このプロジェクト（ギミック）によって、参加や参画のプロセスが生み出されることを期待できます。

実際に私が若者（18〜40歳）を対象に開講しているキャリア教育系のセミナーでは、このパーソナルプロジェクトを導入しています。しかし、「やりたいことや好きなことをなんでもやってみよう！」という野放図な提案では、案外パーソナルプロジェクトを設定できにくいものです。そこで、次ページのようなワークシート（1〜6）を作成して、個人的なニーズを掘り起こし、パーソナルプロジェクトを浮かび上がらせるところから始めます。みなさんもよろしければやってみてください。

1	あなたの好きな（はまっている）もの・ことは何ですか？ できる限り挙げてみましょう！

↓

2	1の中で、あなたの「一番」はどれですか？ また、どうしてそれを選んだのですか（理由）？
あなたの「一番」	
理由	

↓

3	2で選んだあなたの「一番」について、あなたが「もっとこうしたい（こうなったらいい）！」と思っていることがありますか？

↓

4	3で、どうして「もっとこうしたい(こうなったらいい)!」と思ったのですか?

↓

5	そのために、あなたは実際にどんなことができると思いますか?

↓

6	どんなプロジェクト名にしますか?

↓

7	そのプロジェクトは、「どんなこと(結果)」ができれば成功ですか? プロジェクトの達成目標を具体的に書いてみましょう!

↓

8	プロジェクト成功に向けてどんな「やること」がありますか? 思いつく限り書いてみましょう!

↓

9	8で書き出した「やること」を4つの段階に分類してみましょう!

第1段階	第2段階
第4段階	**第3段階**

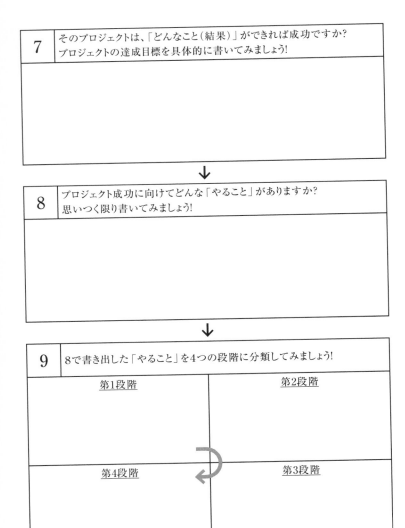

1〜6の問いに答えていけば、個人的なニーズを掘り起こして、自分だけのパーソナルプロジェクトを浮かび上がらせることができるでしょう。しかし、このままではプロジェクトが「絵に描いた餅」になってしまいます。実行に移してこそプロジェクトは意味があるわけですから、実行のためにもプランニングしなければなりませんね。そこで、続いて前ページのようなワークシート（7〜9）を用意しました。ここまでがプランニングになります。

ここからは9の問いにある4つの段階ごとに実際に取り組んでみるわけです。ただし、それぞれの段階ごとに振り返りを行い、状況の確認や修正・改善などを加えていくことも必要です。パーソナルプロジェクトは自分のペースでできますので、各段階でやることについても自分の状況やモチベーションなどに合わせて、柔軟に取り組むことができるでしょう。ただし、その一方で自由度が高いために「企画倒れ」も起こしやすいので注意してください。

そして、このパーソナルプロジェクトによってPBLに取り組み始めたら、今度は4〜5人程度までの小集団でプロジェクトを共有し、一緒になって取り組む「グループプロジェクト」にも挑戦してみましょう。さらに、先ほどのオランダの小学校のように、プロジェクトそのものが地域や社会の課題解決になっていくという「ソーシャルプロジェクト」にまで歩を進めることができれば、ますますバリエーション豊かなＰＢＬへつながるのではないでしょうか。いきなり、いかにもＰＢＬっぽいソーシャルプロジェクトに取り組む必要はありません。まずは個人的なものから、次に身近な仲間たちと、そして地域や社会の課題解決へ……と歩を進めていくことは、ＰＢＬが参加・参画・協働のプロセスを生み出すギミックになるためにも重要なステップです。

非認知能力を自分で伸ばす「セルフトレーニング」

ここでは、このＰＢＬ（特にパーソナルプロジェクト）を活用すれば、（子どもでも大人でも）非認知能力を自分で伸ばすためのセルフトレーニングになることを提案しておきます。そのためにも、プロジェクトに取り組む上で、自分が伸ばしたい非認知能力はどのような力なのかをまずは明確にしておきましょう。

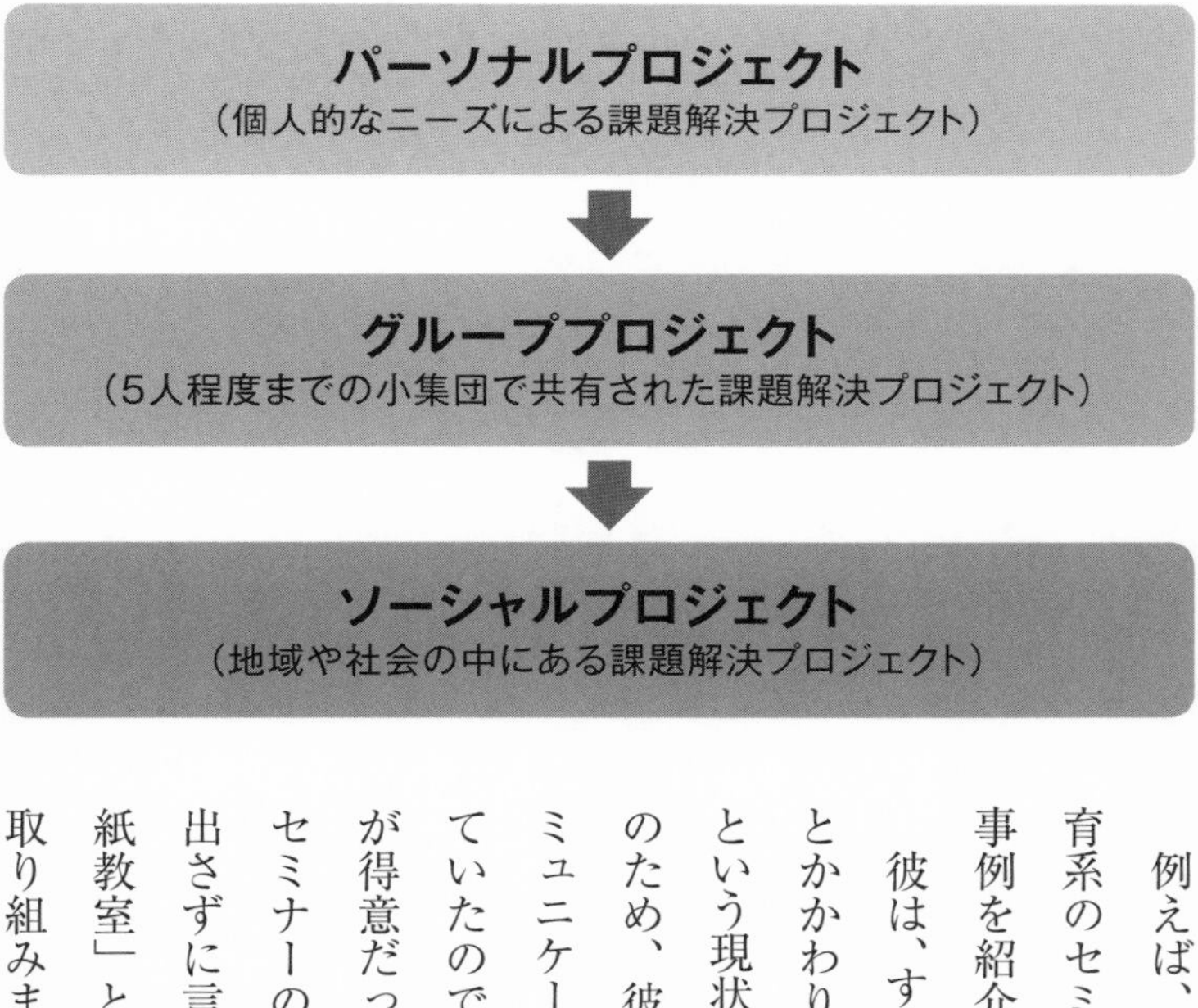
パーソナルプロジェクト
（個人的なニーズによる課題解決プロジェクト）
グループプロジェクト
（5人程度までの小集団で共有された課題解決プロジェクト）
ソーシャルプロジェクト
（地域や社会の中にある課題解決プロジェクト）

例えば、先ほど紹介した私のキャリア教育系のセミナーを受講している20代男性の事例を紹介します。

彼は、すでに仕事もしているのですが、人とかかわり、話すことに臆してしまいがちという現状に問題意識を抱いていました。そのため、彼は「他者とつながる力（特にコミュニケーション力）」を伸ばしたいと思っていたのです。そこで、彼はもともと自分が得意だった「折り紙」を生かして、同じセミナーの受講者たちに向けて「直接手を出さずに言葉による説明だけで教える折り紙教室」というパーソナルプロジェクトに取り組みました。初めの頃は、中々うまく言葉で説明することが難しかったのですが、相手に伝わりやすい説明の方法を試行錯誤した彼は、次第に教える力量を高められるようになり、直接手を出さなくても折り紙を教えることができるようになっていきました。そんな彼自身がプロジェクトを進める中で、「自分はコミュニケーション力を高めることができた」と自覚できるようになったほどです。

彼のように、いまの自分が伸ばしたい非認知能力はどのような力なのかを明らかにして、その力を意識できるようなパーソナルプロジェクトを設定すれば、自分だけのセルフトレーニングにつなげていけます。みなさんには、伸ばしたい非認知能力とその力を伸ばすためのパーソナルプロジェクトとを対応させてリストアップできるためのシートを127ページのように紹介しておきます。例で示したようなリストアップを行った上で、122ページのワークシートの7・8・9に答えていけばプランニングもできそうですね。ぜひご活用ください。

なお、今回はパーソナルプロジェクトをセルフトレーニングとして取り組むためにリストアップをしましたが、自分以外の誰かに伸ばしていきたい非認知能力とその力

伸ばしたい非認知能力とパーソナルプロジェクトリストアップ

伸ばしたい非認知能力		非認知能力を伸ばすことができそうなパーソナルプロジェクト
例	自分と向き合う力 (特に自制心)	毎日60秒間程度の歯磨きを3分間にしてみるプロジェクト
	他者とつながる力 (特にコミュニケーション力)	得意な折り紙について直接手を出さずに教えてあげるプロジェクト

に対応した（相手の）パーソナルプロジェクトを書き出してもらうこともできます。必要に応じて使い分けてみてください。

ギミックが「体験」を、レンズが「経験」を豊かにしてくれる

前著では、体験と経験を区別するとともに、体験を経験に変え、経験を学びに変えるまでの重要性を説明しました。その上で、ここでは学びまでのステップに前章のレンズと本章のギミックを導入すれば、より一層体験や経験が豊かになり、豊かな学びへつながることを提案しておきましょう。

日常の中で、私たちはたくさんのことを体験しています。食事、勉強や仕事、遊び、読書……私たちは本当に多くの体験を通じて生きているのです。そして、これら数々の体験の中から、本人にとって（ほかの体験とは違う）特別な体験へと変わるものがあります。たまたまやってみた遊びがめちゃくちゃ面白かったり、予期しなかったアクシデントに見舞われたり、いつもならできなかった（わからなかった）ことができ

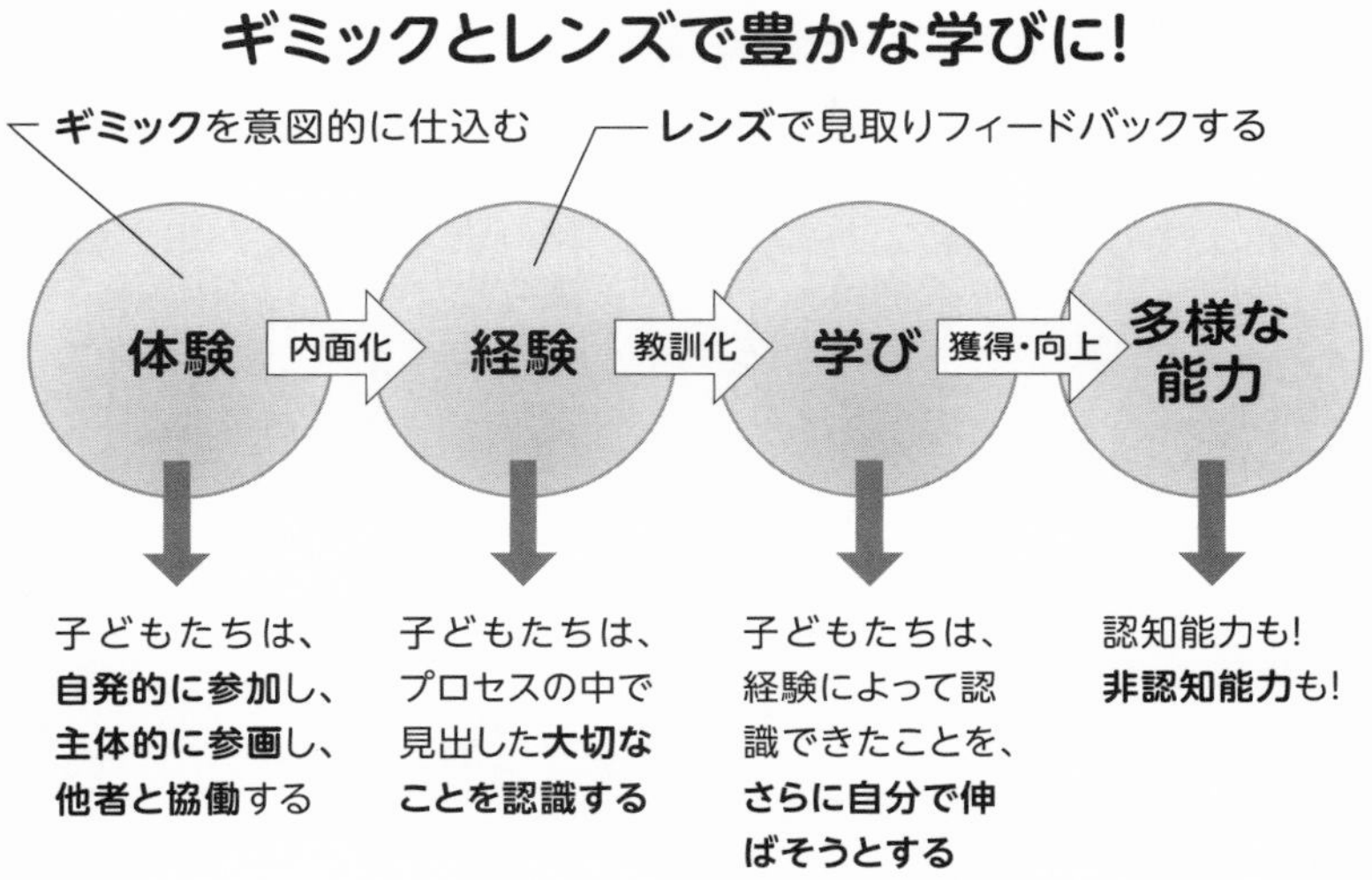
ギミックとレンズで豊かな学びに!
ギミックを意図的に仕込む
レンズで見取りフィードバックする
体験
内面化
経験
教訓化
学び
獲得・向上
多様な能力
子どもたちは、自発的に参加し、主体的に参画し、他者と協働する
子どもたちは、プロセスの中で見出した大切なことを認識する
子どもたちは、経験によって認識できたことを、さらに自分で伸ばそうとする
認知能力も!
非認知能力も!

たり（わかったり）などの体験がよい例です。このような体験は、本人の中にもほかの体験以上に印象付けられるため、（体験を内面化する）経験としても落とし込みやすいでしょう。しかし、いつもそんな特別な体験に恵まれていればよいのですが、そういうわけにはいきません。むしろ、特別ではない凡庸な体験があるからこそ、特別な体験があるわけです。

それでは、先ほどのギミックは体験にどのような影響を与えるのでしょうか。結論からいえば、私たちが非認知能力を意識して用いたギミックによって、相手の体験の中へ参加や参画、協働のプロセスを生み出し、体験がより特別な体験になり得ることが期待できるのです。つまり、ギミックを用いることで、体験のプロセスひいては体験そのものをより豊かにできるようになるかもしれません。

次に体験を自分の中に内面化(特に価値あることとして認識)して経験へ変えていく段階になるとどうでしょうか。前章のレンズのように、本人が体験の中にあるぼんやりとした価値を、私たちがレンズを使ってはっきりした価値あるものへと意識づけしていくことができれば、一見凡庸な体験であったとしても経験へと変えやすくなるようなサポートができます。これは、無自覚なままの体験であっても、否定的にとらえてしまった体験であっても同様のことがいえるでしょう。これが、ギミックによって豊かな体験になっていたとすれば、意識していた力や姿(ともすればそれ以外の副産物も)を引き出しやすくなります。もちろん、このギミックはレンズとも連動しているため、意識していた力や姿を見取りやすくなり、フィードバック(価値の共有)もしやすくなることでしょう。そうすれば、私たちはますます意識づけしやすくなるかもしれません。

したがって、私たちや本人自身がレンズを持てば、日常的な（特別ではない）体験であっても経験に変えやすくなるわけですから、ギミックによって体験が豊かになれば経験はなおさら豊かになりそうです。

そして、体験が経験へ変わることで大切な価値を認識でき、経験が学びへ変わることで認識できた価値をさらに（非認知能力だけでなく認知能力も）自分で伸ばそうとできるわけです。豊かな体験が豊かな経験を、豊かな経験が豊かな学びを生み出すことになるでしょう。つまり、私たちが相手にどのようなギミックを仕掛け、相手をどのようなレンズで見取り、フィードバックできるかによって、相手にとって豊かな学びのサポートになっていけるかどうかが問われているのです。

ちなみに、相手が（私たちからのサポートも受けながら）、伸ばしたい力をあらかじめ意識して見通し（Anticipation）を持ち、実際に行動（Action）して、やりっ放しにせずに振り返り（Reflection）ができ、さらに次なる見通しへと「ＡＡＲサイクル」を回していくことが２０３０年までに目指したい学びであるとＯＥＣＤ（経済協力開発機構）も提起しています（次ページの図を参照）。やはり、認知能力であれ、非認知能力であれ、このようなサイクルによって学びを豊かにしていきたいものですね。

2030年の学びに必要なこと—それはAAR!

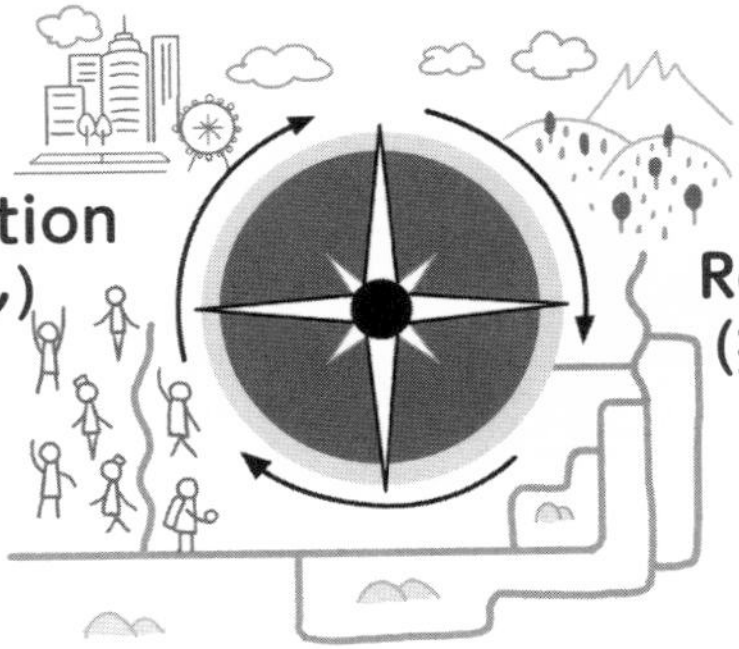

連続したサイクルの中で学習を！

OECD Learning Compass 2030 http://www.oecd.org/education/2030-project/ をもとに作成

第Ⅳ章

非認知能力を「アセスメント」する

「非認知能力は数値化できない力だから、
評価はできないの？」

評価はできます！　しかし、この評価はその人をランク付けするためではなく、私たちがその人をもっと支援できるようになるための評価です。それを「アセスメント」と呼んでいます。

★　　一般の方にちょっとおススメ
★★★　専門家の方にかなりおススメ

非認知能力の「評価」とは？

子どもや生徒であっても、後輩や部下であっても、相手に伸ばしたい非認知能力がある以上は、その非認知能力が伸びているのか（orいないのか）、というのはどうしても気になるところでしょう。特に、私たちがその相手の環境へ積極的にかかわっていればいるほど、その思いはますます強まっていくことが容易に想像できます。もちろん、第I章でも提案しましたが、能力やスキルだからといって必ずしも伸びることだけがすべてではありません。状況に応じて必要な非認知能力を発揮できたり抑制できたりと、意識的に使いこなすことが大事でしたね。とはいうものの、本人自身にとっても、自分の非認知能力がそれぞれどれぐらいあるのか、どれぐらい伸びているのかなどの現状を把握しておかなければ、コントロールしようもありません。

したがって、やはり非認知能力の「評価」は、本人にとっても、私たちにとっても、あった方がよさそうです。しかし、非認知能力のような自分自身の内面や他者との関係に深くかかわるような力に対して、従来の「学校的な評価」をしてしまって本当によいのか、といった疑問も生じてきます。従来の「学校的な評価」とは？　つまり、学校側が生徒たちの状況をスコア化して、ランク付けして、進学先や進路先へ送り出すために使っている「評価」のことです。たしかに、相手に伸ばしたい非認知能力があって、本人はいまどれぐらいその非認知能力を発揮できるのだろうか……ということを私たちが把握して支援するためには、「上から何番目」などというランキングは必要ありません。

非認知能力を伸ばすために私たちや本人たちが必要な「評価」とは、決して進学や進路に使われるような点数でもランクでもないのです。その人自身の現状を把握でき、何が充足していて、何が不足しているのか……その上で、何をどのように伸ばしていけばよいのか、方針を立てるための「評価」が必要なのです。現状から次の改善へつなげていくための「評価」……私はこの客観的な評価のことを敢えて横文字で「アセスメント（assessment）」と呼ぶようにしています。そして、このアセスメントこそ、非認知能力を意識的に伸ばしていくために必要不可欠なものだといえるでしょう。

非認知能力を「アセスメント」する方法

それでは、どうやって非認知能力をアセスメントすればよいのでしょうか？　あなたの「自分と向き合う力」は全体的に65点！　といった具合に数値化できればとてもわかりやすいアセスメントになります。これが数字の持つ魅力であり、魔力でもありますね。ところが、第I章でも触れたように、「非認知能力」の定義上では、数値化できた時点で「非認知（数値化できない）」ではなくなり、認知（数値化）できる能力（＝認知能力）となってしまいます。何よりも、自分の内面や他者との関係性に大きくかかわってくるような力ですから、簡単に数値化などできるはずもありません。

そこで、「言葉」でアセスメントしてみるのです。前著の中でもナラティブ（物語的な）・アセスメントについてご紹介しましたが、相手が私たちの前で見せる行動や表情、聞かせてくれる言動などから、伸ばしたい非認知能力との重なりを抽出し、言語化します。そして、重なっている（or重なっていない）ところを相手の現状として共有するのです。数字ほど誰から見ても同じように解釈できるわかりやすいものではありませんが、言葉にすることで少なからず現状を把握し、共有できますよね。

この「言葉」によるアセスメントですが、どこかで覚えがありませんか？　そうです！　第Ⅱ章の重要なテーマでもあったレンズを持って見取り、フィードバックすることと同様なのです。非認知能力という曖昧で見えにくく、わかりにくいものを、具体的に見えやすく、わかりやすくするために、言語化した上で、それらをレンズとして持つことにしましたよね。レンズを持つことで、相手の体験のプロセスをより具体的で確実にフィードバックできるようになるのです。

このレンズ～フィードバックと同じ構造になるのがアセスメントです。相手の体験のプロセスの中からアセスメントしたいことを見取り、現状を把握して、ときにはフィードバック（価値の共有）も行います。つまり、相手を見取るためのレンズが相手の現状を把握するためのアセスメントと一致してくることになるのです。ただし、アセスメントをするための項目については、レンズよりもさらに複雑になってくることが予想されます。そのキーワードとなってくるのが、「行動指標」です。ということで、この後から少しマニアックな話になっていきます……。

「アセスメント」するために行動指標を具体化する

以前、私はＪＡＸＡ（宇宙航空研究開発機構）の元職員の方と幸運にもお会いすることができ、さらに幸運なことに「ノンテクニカルスキル」というＪＡＸＡ的な非認知能力のお話をお聴きすることができました。恥ずかしながら、この言葉をそのときまで知らなかったのですが、まさに私たちにとっての非認知能力（ノンコグニティブスキル）と重なっているという印象をすぐさま抱くことができました。

ちなみに、このノンテクニカルスキルとは、宇宙飛行士や航空パイロット、鉄道、原子力発電所、チーム医療……など、マニュアル通りに進めることが難しいだけでなく、失敗したときのリスクが非常に高いハイリスクな業務に就く人たちに求められているとのことでした。そこで、ローナ・フィリン、ポール・オコンナー、マーガレット・クリチトゥン、（※７：２０１２年）が評定する７つのノンテクニカルスキルについて紹介しておきます。

①状況認識

②意思決定
③コミュニケーション
④チームワーク
⑤リーダーシップ
⑥ストレスマネジメント
⑦疲労管理

各業務に求められるいわゆるテクニカル（技術的な）スキルだけでないノンテクニカルスキルも身に付けていかなければ、ハイリスクな事態を回避できず、万一の事態に冷静かつ適切に対処できない状況に陥りかねません。そして、このノンテクニカルスキルが非認知能力と重なっていることは、この7つを見るとすぐにわかります。

これは、非認知能力が決してこれまでとは違う新しい能力ではないということを意味するとともに、社会人であってもハイリスクな業務であればあるほど、なおさら求められる能力であることを意味しています。

そして、このノンテクニカルスキル（略称ノンテク）は、非認知能力と同様に曖昧になりがちであるため、アセスメントする上で必要になってくるのはそれぞれの構成要素（この場合、先ほどの7つのノンテクと各ノンテクを構成する要素）に対応して、行動レベルで具体化（言語化）された行動指標になります。例えば、次ページの図のように「ハイリスクな業務に必要なノンテクニカルスキル」を構成する7つのスキルに分類します。その上で、各スキルを構成する要素をさらに具体化するわけです。

図の場合は、7つのスキルの中から例えば「チームワーク」に限定して3つの構成要素へ具体化してみました。もちろん、ここで終わりではなく、この具体化した構成要素一つひとつについてより具体的な行動指標にするための言語化をしていきます。仮に「チーム内の対立の解消」を行動指標にするならば、「**①チームの中で意見の対立が生まれたとき、感情的な対立にならないようにすることができる**」「**②対立した原因を明らかにしてチームの中で共有することができる**」「**③原因策を踏まえて、具体的な解決策を見出し、チームの中で共有することができる**」……などと「〇〇のような行動ができる」というレベルにまで具体化しておくことが必要です。

こうしておけば、この人は「チームワーク」というノンテクが身に付いているのか

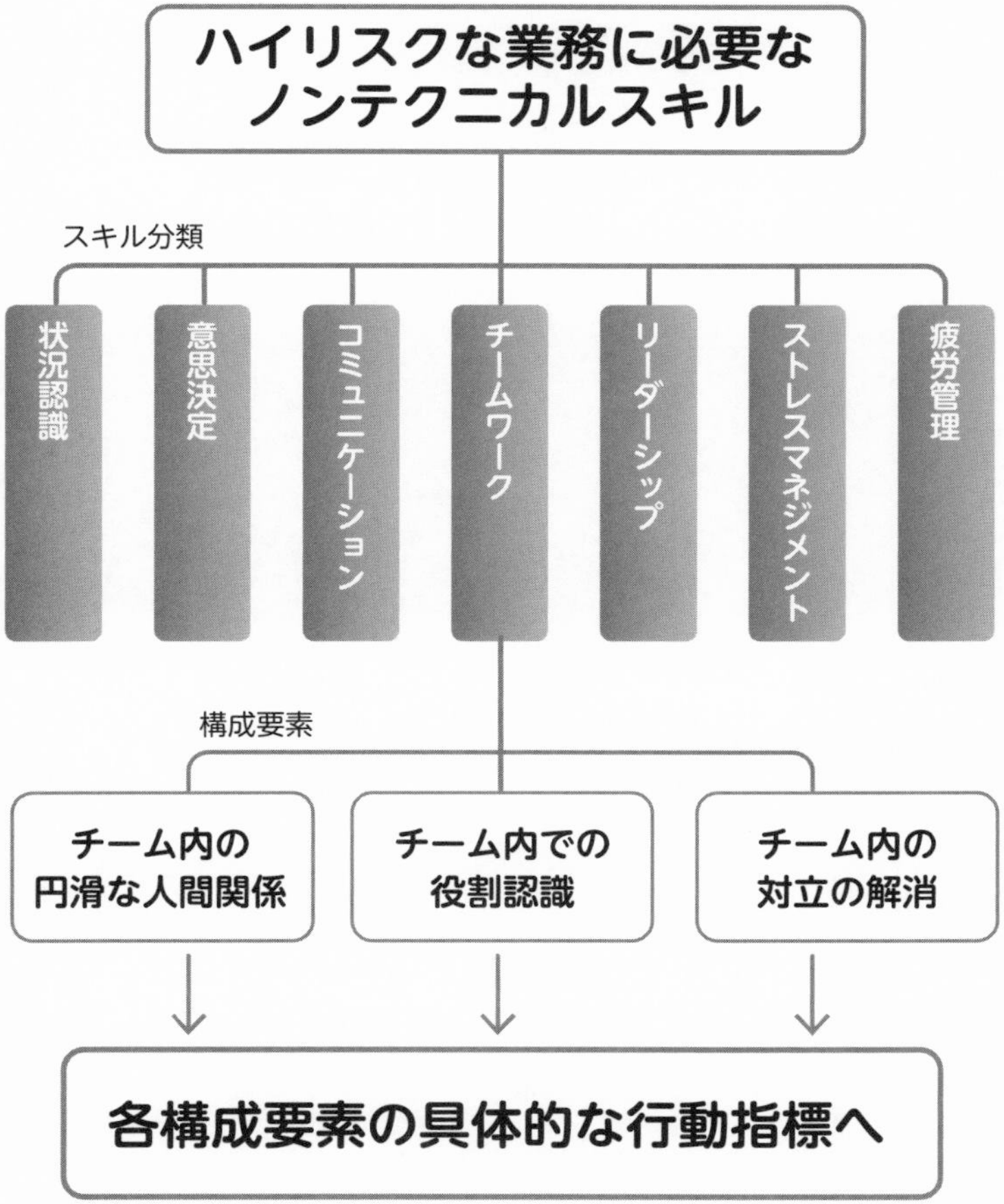
ハイリスクな業務に必要な
ノンテクニカルスキル
スキル分類
状況認識
意思決定
コミュニケーション
チームワーク
リーダーシップ
ストレスマネジメント
疲労管理
構成要素
チーム内の
円滑な人間関係
チーム内での
役割認識
チーム内の
対立の解消
各構成要素の具体的な行動指標へ

どうかを曖昧に把握するのではなく、「チームワーク」の中でも「チーム内の対立の解消」がどうなのかを具体的に把握できるわけです。さらに、「チーム内の対立の解消」の指標となる「①感情的な対立」は起きなかったものの、「②原因の究明」に到っていなければ、この人に身につけてほしい力は、まず「②原因の究明」ができるための思考力であったり周囲への発信力であったりとなります。その結果、この人が何を意識してできるようになればよいのか、周囲は何をこの人に支援していけばよいのかが明確になり、このアセスメントから次の改善や支援につなげていくことができるでしょう。行動指標にまで具体化（言語化）しておきさえすれば、自分も周囲もそれができているかどうかを曖昧に決めつけることなく、（数値化まではいかなくても）明確な基準に基づいたアセスメントを可能にするわけです。

このノンテクと同じように非認知能力についてもアセスメントしてみましょう。そのためにも項目化（＝行動指標化）が、本章で最も重要なことになります。ちなみに、ノンテクについては、今回は「チームワーク」の一例にとどめましたが、7つに分類したスキルそれぞれに応じて構成要素と行動指標を構造化できることを補足しておきます。

「アセスメント」項目をつくってみよう

実は、先ほどノンテクを題材にご紹介した構成要素とアセスメント項目（＝行動指標）の構造化は、ハイリスクな業務におけるノンテクに限らず、様々な分野で取り組まれています。特に、近年では学校教育の中で学習指導要領に位置づけられた「学びに向かう力・人間性等（非認知能力）」を各学校や各地域で構造化していこうという動きが盛んに起きています。とても重要なことです。

それでは、どのようにアセスメント項目をつくっていけばよいのでしょうか？　例えば、学校現場で掲げられている「目指す生徒像」を構成する「学びに向かう力・人間性等」を整理して、それぞれに対応する行動指標までを具体化していくわけです。144ページの図をご覧ください。

この図のように、抽象的なものを具体化していく（抽象度を下げていく）ことを「チャンクダウン」、具体的なものを列挙して共通点を見出した上で分類し、抽象化していく（抽象度を上げていく）ことを「チャンクアップ」といいます。基本的に学校や幼

非認知能力をアセスメントするために……

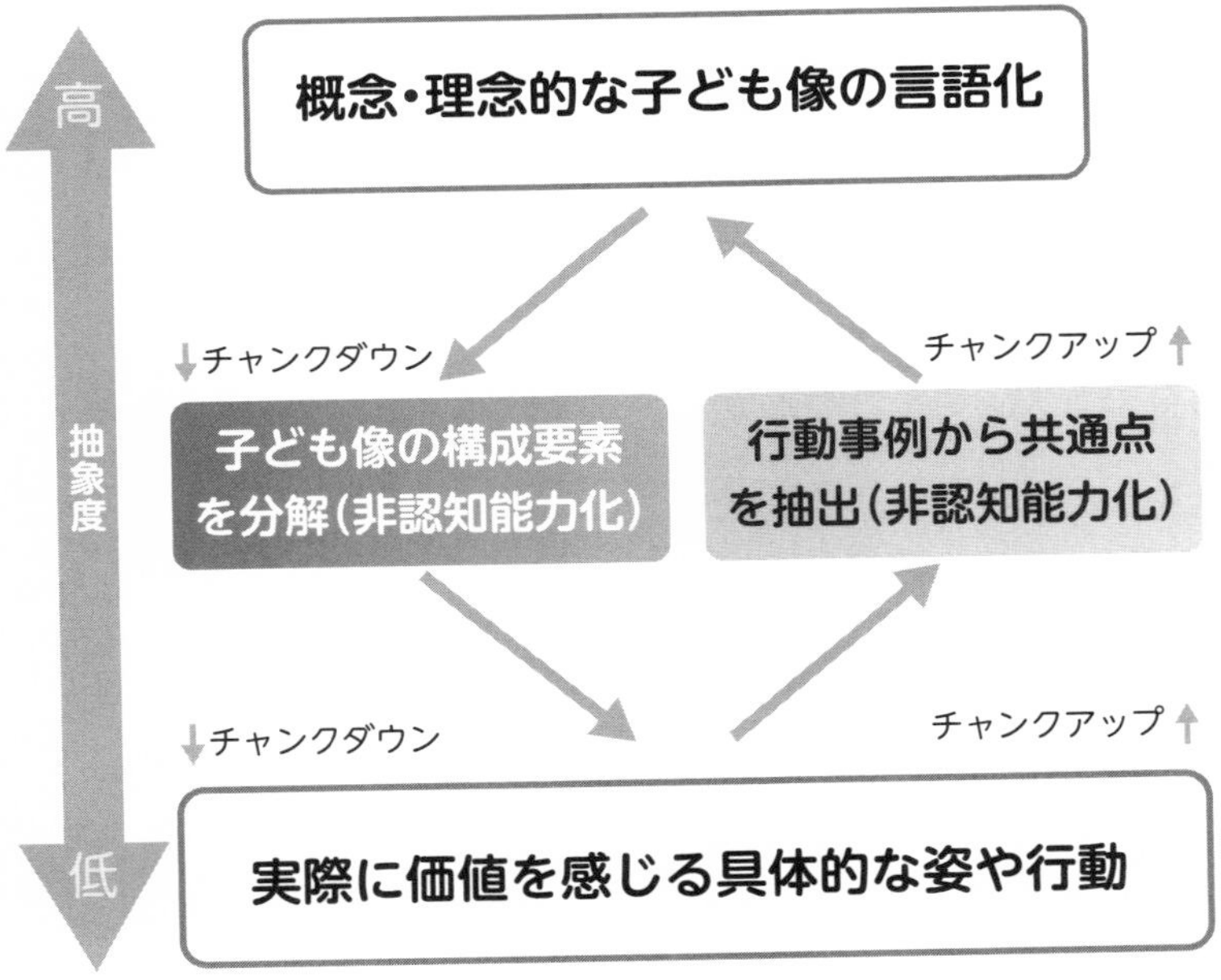
概念・理念的な子ども像の言語化
高
抽象度
低
チャンクダウン
子ども像の構成要素を分解（非認知能力化）
チャンクアップ
行動事例から共通点を抽出（非認知能力化）
チャンクダウン
チャンクアップ
実際に価値を感じる具体的な姿や行動

稚園・保育所のような諸機関の場合には、あらかじめ理念的なものが掲げられていま す。したがって、その理念をノンテクのように具体化（チャンクダウン）していくことになります。チャンクダウンをしていくことで、146ページの図のような樹形図（ロジックツリー）を完成させることができれば、アセスメント項目化できたといえるでしょう。

それでは、学校や幼稚園・保育所の中で、このような樹形図をいったい誰がつくるのでしょうか？　校長先生や園長先生がつくり、必殺トップダウンの手法でよいのでしょうか？　実際に、「うちの園の保育理念はね……」から始まり、長時間にわたって熱い思いを語ってくださる園長先生もいらっしゃいます。しかし、実際にその保育所の保育士さんたちに保育理念についてたずねてみると、熱い園長先生とは打って変わって、理念さえ怪しげな状態で曖昧な答え方になるケースも少なくはありません。さらに言えば、小学校の学級目標として教室の前面に「たくましい子」と掲げられているものの、実際に担任の先生に「たくましい子ってどんな子ですか？」と聞いてみると、これまた曖昧な回答しか返ってこない場合があるのです。

構成要素と行動指標で構造化！

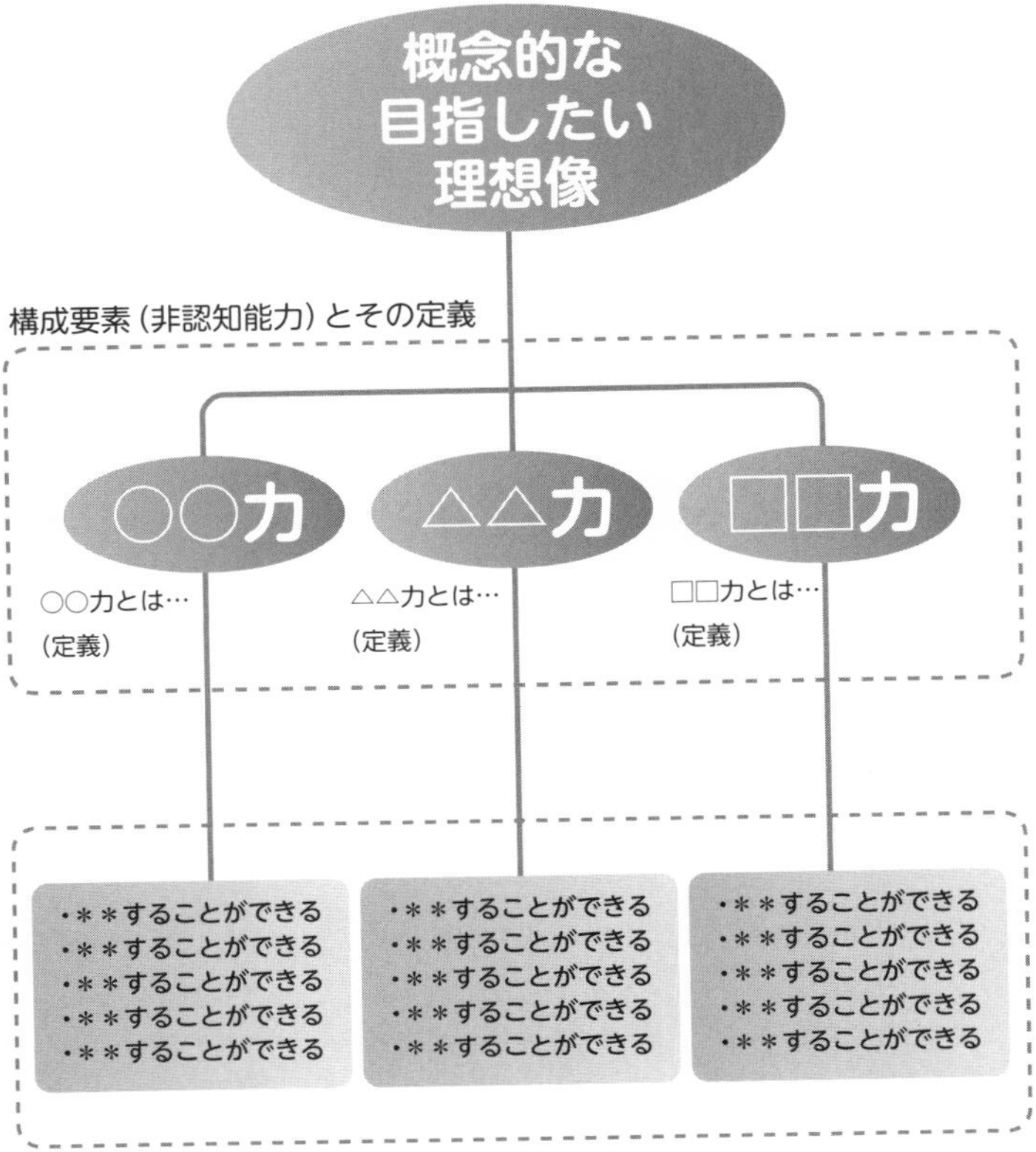
概念的な
目指したい
理想像
構成要素（非認知能力）とその定義
○○力
△△力
□□力
○○力とは…
（定義）
△△力とは…
（定義）
□□力とは…
（定義）
・＊＊することができる
・＊＊することができる
・＊＊することができる
・＊＊することができる
・＊＊することができる
・＊＊することができる
・＊＊することができる
・＊＊することができる
・＊＊することができる
・＊＊することができる
・＊＊することができる
・＊＊することができる
・＊＊することができる
・＊＊することができる
・＊＊することができる

各構成要素の行動指標→アセスメント項目

先ほどのような樹形図ができていればよいわけでもないし、樹形図もなく各自の頭の中でぼんやりとイメージしているのがよいわけでもありません。そこに所属する先生たちがトップダウンで受動的に承ることをせずに、「自分ごと」として自ら作成に携わっていくことが必要ではないでしょうか。自分の頭の中だけでぼんやりと完結させているのではなく、そこにかかわる人たちと（学級目標であれば児童・生徒たちと共に、社内であれば社員の方々と共に）作り上げていく必要があるのではないでしょうか。大切なのは、正解となり得る樹形図をつくることではありません。作成のプロセスの中で、お互いが「ああでもない、こうでもない」と議論し合いながらつくり上げていくことに意味があるのです。そもそも正解などない（正解は多様にある）のですから……。

アイデアドーナツでチャンクダウン！

さて、ここでは理念や子ども像からのチャンクダウン（具体化）を中心に提案していきましょう。先ほどの通り、すでに掲げている理念や私たちが育てたい子ども像が言葉になっているとします。その言葉を踏まえて、理念や子ども像を構成する構成要素（非認知能力）を挙げてみましょう。

例えば、「たくましい子」ですね。ここで、「たくましい」とはどういうことなのかを考えてみるわけです。ちなみに、広辞苑によると「たくましい」とは、「①存分に満ち満ちている。豪勢である。②存分に力強く、がっしりしている。③勢いや意志が力強くさかんである。」とあります。この言葉の意味をそのまま活用してもよいのですが、辞書にはない私たちの頭の中にある「たくましい」、特に「たくましい子ども」というのを私たちの願いも込めてイメージしてみる方がよいかもしれません。

また、このときにそれぞれの構成要素の関係性をみたとき、できるだけ平行の関係（混ざり合わない関係）にしておくこともポイントです。例えば、「粘り強さ」と「我慢強さ」といった同じような意味合いの要素が並んで位置づけられていたり、「社会性」と「コミュニケーション力」といったいずれかにもう一方が含み込まれるような意味合いの要素が並んで位置づけられたりしないように注意しましょう。こうした混

①

落ち込むようなことがあっても気持ちを切り替えていけるような（たくましい）子どもになってほしい→回復力のある子ども。

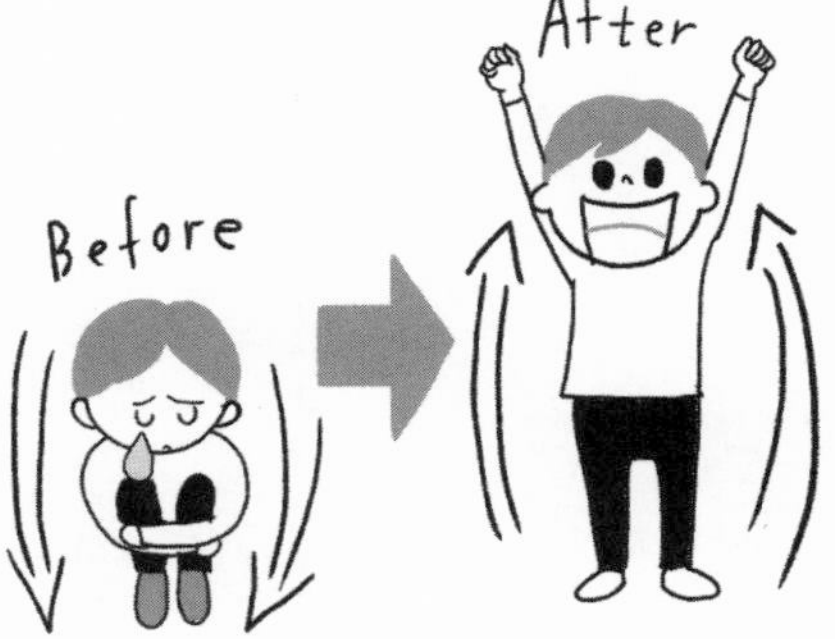

②

困難なことや新しいことにも臆することなく挑戦していけるような（たくましい）子どもになってほしい→意欲・向上心のある子ども。

③

自分だけでなく周囲の人たちとも関係を築くことができるような（たくましい）子どもになってほしい→コミュニケーション力のある子ども。

ざり合う関係にならないためにも、それぞれの構成要素がどういう意味合いを持っているのか、定義づけしておくことをおススメします。

すると、例えば149ページのイラストのような構成要素が浮かび上がってくるとしましょう（繰り返しますが、これらが絶対的な正解ではありません！）。

仮にこのような3つの構成要素が浮かび上がってきたとしたら、ここで掲げられた「たくましい子ども」とは**①回復力、②意欲・向上心、③コミュニケーション力**といった3つの非認知能力を兼ね備えた子どもといえるでしょう（このような構成要素を浮かび上がらせるための作業も、ぜひ議論を通して取り組んでいきたいものです）。

そして、あとは3つの非認知能力のそれぞれについて行動指標を挙げていくのですが、ここでおススメなのが「アイデアドーナツ※」です。152ページのように、ドーナツの真ん中に3つの力の中の1つを書きます。そして、ドーナツの部分に具体的な行動として思いつくことを次々と書いていくのです。この手法のよいところは、ロジックツリーのように縦の関係性が限定的に構成されていくのではなく、思いついたものを拡散的に出していける利点があります。したがって、まずは思いついたことを図のようにできるだけ書き出してみてください。次にある程度書き出した後で、具体的な行動なのか、抽象的で内面的なものなのかを仕分けしてみましょう。

ここで必要なのは、誰から見てもわかりやすい行動レベルであって、人それぞれによって解釈が異なってくる内面（心や思いなど）ではありません。この仕分け作業こそがとても重要なポイントになってきます。

したがって、152ページの図にあるような「情熱を持っている」「何かに取り組んでいるときにやる気を感じられる」「がんばろうという気持ちがある」といったものは行動指標に該当しなくなります。また、複数の項目に重なりや一致点が見られれば一つにまとめることもできます。ここでも、できることなら複数の人たちとの議論ができるとよいですね。その構成要素によって、それぞれが想定する具体的な行動に違いが出てくることもあり得ます。しつこいようですが、絶対的な正解はないのですから、違いが出てきた時点でしっかりと議論をして決めていきましょう。

仕分け作業を無事に終えることができれば、構成要素の一つが出来上がったことになります。ほかの構成要素についても同様にアイデアドーナツをつくってみましょう。

アイデアドーナツ※

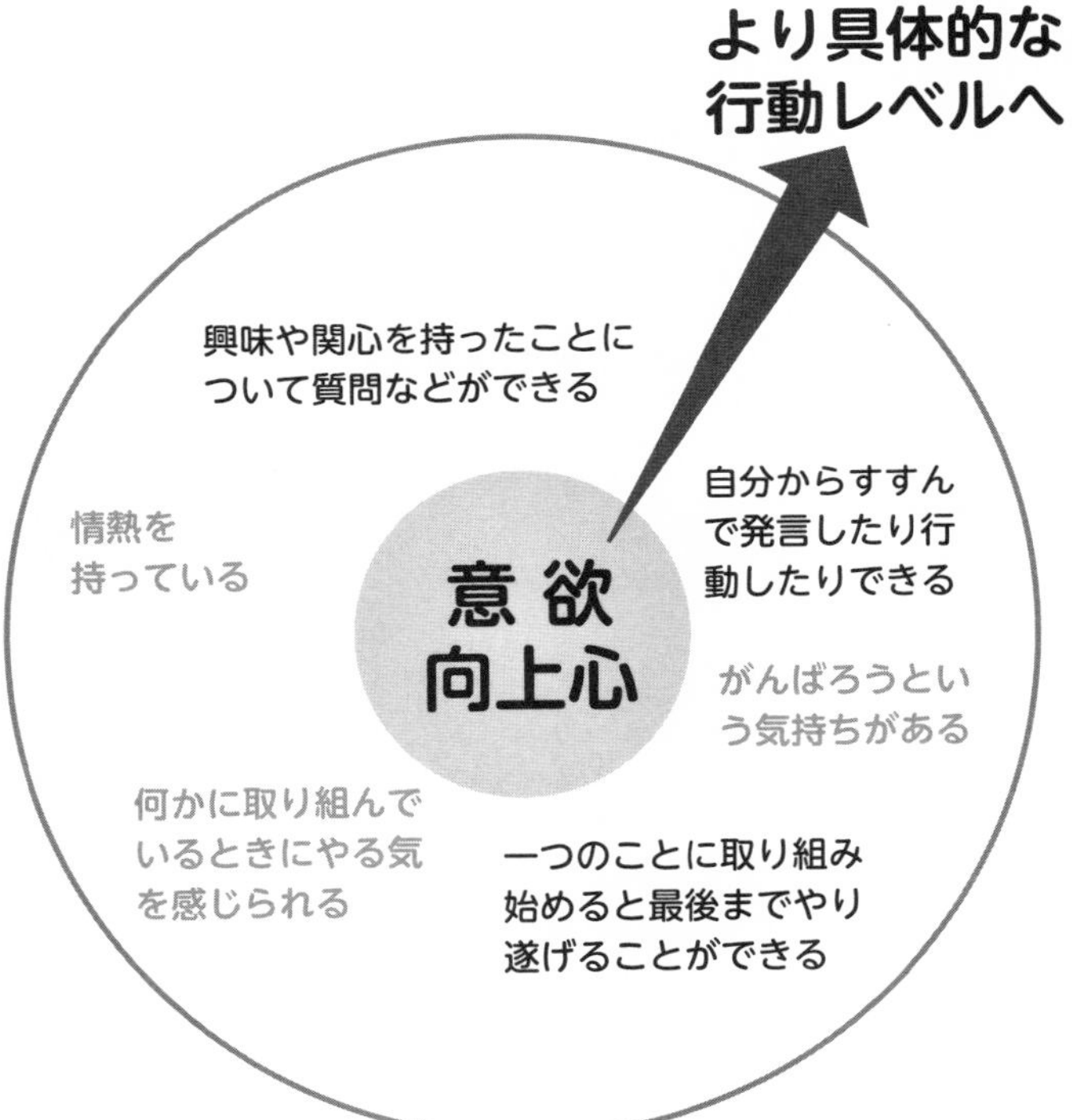
より具体的な
行動レベルへ
興味や関心を持ったことに
ついて質問などができる
自分からすすん
で発言したり行
動したりできる
情熱を
持っている
意欲
向上心
がんばろうとい
う気持ちがある
何かに取り組んで
いるときにやる気
を感じられる
一つのことに取り組み
始めると最後までやり
遂げることができる

※アイデアドーナツは、筆者とカンコーマナボネクト株式会社が共同開発した行動指標を挙げるための手法の一つです。

商標登録番号第6247939号

構成要素（非認知能力）が3つあれば、ドーナツは3つできますし、もし5つあればドーナツは5つ必要になってきます。構成要素の数に応じたドーナツをつくることで、行動指標を具体化できるわけです。

そして、構成要素ごとのアイデアドーナツが完成した時点で、154ページのようにそれらを整理した樹形図にすると、私たちが掲げる理念（子ども像）と構成要素（非認知能力）と行動指標（アセスメント項目）を一望できるようになります。

多くの人たちから意見を集めたチャンクアップの利点

先ほどのように、学校や幼稚園・保育所、または自治体や民間企業など、すでに理念的なものがある場合は、この理念がどのような要素（非認知能力）で構成され、それぞれにどのような行動指標（アセスメント項目）があるのかを具体化するチャンクダウンがおススメでした。しかし、ともすれば、理念そのものよりも、「こんな姿を見てみたい」「こんな行動を引き出したい」という具体的なイメージの方が先行している

「たくましい子ども」を行動指標まで構造化

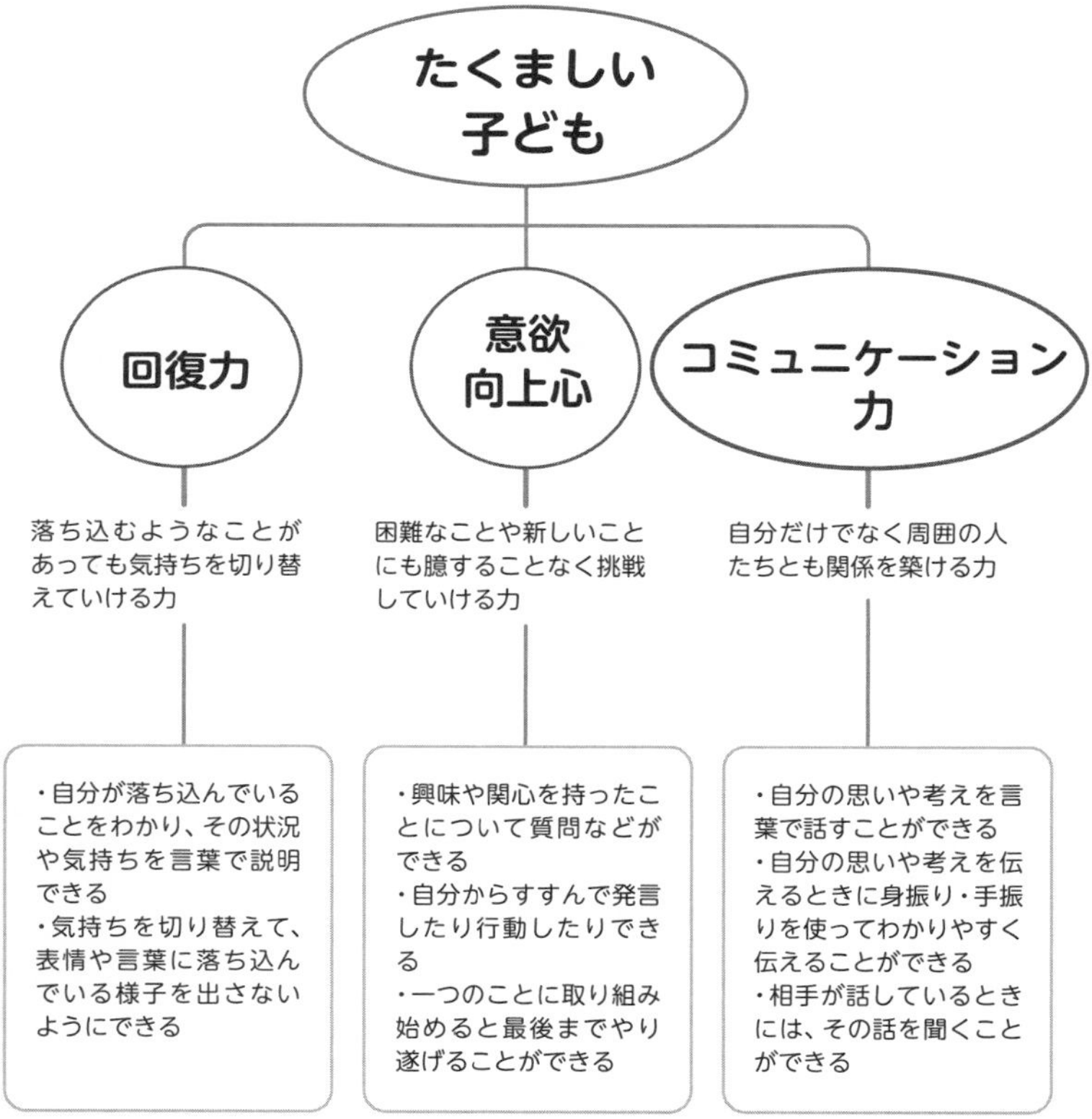

場合もあります。

そのときには、先に具体的なイメージをできるだけ出し合って、それらの中で共通するグループをつくる（共通化する）ことをおすすめします。よくKJ法（ブレーンストーミングなどアイデアを生み出す方法によって得た発想を整序し、問題解決に結びつけていくための方法）が用いられるケースですね。共通化することでつくられたグループは、具体的なイメージの抽象度を上げることができ、そこから共通化したもの（＝構成要素）を浮かび上がらせ、最終的には最も抽象度の高い理念的なものをつくり出すことができるわけです。このやり方がチャンクアップになりますが、利点としてはあらかじめ決まっている理念や理想像が優先されるのではなく、より多くの人が思い描く具体的なイメージを拾い上げながら樹形図をつくっていけることです。組織の中で協働してつくり出していく際に、より多くの人たちが当事者意識を持ちやすくなります。

例えば、岡山県にある井原《いばら》市が市をあげて「ふるさと井原の未来を創るひとづくり事業」に取り組み始めました。この事業は学校・家庭・地域・行政が連携して、井原市に住む子どもたちに対して井原市独自の方針を掲げ、井原市だからこそできる子育てをしようと開始した事業です。

しかし、行政側が一方的に方針を掲げるだけでは、市民全体のものになっていきません。そこで、チャンクアップの手法を活用したわけです。200名を超える市内の様々な大人たち（学校の教職員、保護者、地域住民、企業関係者等）からどんな子どもに育っていってもらいたいか（具体的な姿や行動）をアンケート形式で出してもらい、一度それらを実行委員会で整理しました。

さらに、この指標は子どもたち自身のものになっていかなければならないので、大人たちがまとめたものを中高生たちに伝え、中高生たちがもう一度自分たちができるようになりたいこととして具体的な行動を挙げていったのです。その結果、次の図のような「井原〝志〟民」の構成要素と行動指標をつくり上げることができました。

このように、チャンクアップをした上で再度チャンクダウンをするなど、双方の合わせ技も可能です。理念や理想像からチャンクダウンしたものと、具体的なイメージを共通化してチャンクアップしたものとを重ねていくことができれば、より一層強固

井原“志”民に求められる力と行動

井原“志”民

いばら愛
郷土愛と当事者性

「ふるさと井原」への愛情を持ち、自分自身が井原市民の一員であるということを自覚できている。

・井原市内の大人から子どもまでいろんな年代の人たちと交流することができる。

・井原市に関する情報や知識を自分から収集して、井原市のことをより多く知ることができる。

・井原市で行われているイベントや行事、ボランティア活動などに積極的に参加することができる。

やり抜く力
忍耐と向上心

たとえ辛いことや苦しいことがあってもそれに耐え、自分自身をさらに高めていきながら目標を達成することができる。

・到達目標を設定するとともに、その目標にたどり着くまでの小さな目標も設定することができる。

・一人でできるところまで取り組み続けるが、どこから一人でできないのかもつかみ取ることができる。

・たとえ行き詰まったときでも、精神的な粘り強さに加えて、別な手立てや方法で取り組むことができる。

まき込む力
発信と協働

何かに取り組むときほかの人たちへ積極的に伝え、お互いの強みを生かし弱みを補いながら共に乗り越えることができる。

・自分の意見をはっきり持つとともに、伝える際には相手にわかりやすく伝えることができる。

・約束やマナーを守ったり、他者への気配りなど、周囲から信頼されるような行動ができる。

・苦手な人や疎遠な人にも積極的に発信するとともに、SNSなども活用しながらより多くの人たちへ発信できる。

な樹形図をつくり出すことができますね。

実際にこんな「アセスメント」項目ができる！

さらに、ここで私が実際に携わってきたアセスメント項目の事例を紹介します。現在、私は岡山大学でキャリア教育の一環として学生たちの正課外活動を支援する業務に携わっています。そこでは、私自身も実践者であり、学生たちの正課外活動を「教育」として支援できるかが問われてきます。

しかし、私が正課外活動を通して学生たちの伸ばしたい力は、それぞれの活動に求められる知識や技術といったいわゆる認知能力ではありません。むしろ、文化活動からスポーツ活動に到るまで多様な正課外活動によって、学生たちがいかに非認知能力を伸ばしていけるかなのです（だからこそ、キャリア教育に位置づけられているわけです）。そこで、学生たちの現状を把握し、これから必要となる支援を考えていくためのアセスメントが重要になってきます。

そのため、私が第Ⅰ章でも提唱した非認知能力の3つの枠組みによる能力群（自分と向き合う力、自分を高める力、他者とつながる力）をベースとして、アセスメント項目をつくっていきました。まず、正課外活動（特に部活動）をやっている学生たちに集まってもらい、部活動（文化系・体育系問わず）を通じて学生たちができるようになったと思われる具体的な行動を可能な限り挙げてもらいました。そこから共通化したものと先ほどの3つの枠組みとの整合性をとっていったのです。つまり、私からのチャンクダウンと学生たちからのチャンクアップを重ねていったことになります。その結果、各枠組みに10個ずつ（計30個）の具体的な行動が整理され、さらにこれらの妥当性を確認するために、より多くの学生たち（実際には2000人以上の学生）に質問紙調査を行いました。そして、ここで得られた回答を因子分析等で精査した結果、各枠組みに5個ずつ（計15個）の行動指標としてブラッシュアップできたのです。

このような手続きを経て、岡山大学における正課外活動で伸ばしたい学生たちの非認知能力に関するアセスメント項目を160ページの図のように完成させることができました（※8：中山芳一、吉澤英里・2019年）。

行動指標はアセスメント項目と直結！

これからの時代を生き抜く人財像

自分と向き合う力

自らの内面をコントロールして、いまの自分自身を維持・調整できるための力

- 辛いことや苦しいことがあってもいつも通りにふるまうことができる
- ストレスがたまらないように発散することができる
- 落ち込むようなことがあっても、気持ちを切り替えることができる
- 自分のことを慰めたり、元気づけたりできる
- 腹立ちやいら立ちを抑えて耐えることができる

自分を高める力

自らの内面をポジティブな状態にして、これからの自分自身を啓発・向上できるための力

- 一度始めたことをあきらめずに続けることができる
- いまやっていることを自らすすんで取り組むことができる
- 取り組んでいることをさらに改善することができる
- 日ごろの努力を技術向上や課題解決につなげることができる
- 具体的な目標設定ができ、その目標を着実に達成することができる

他者とつながる力

他者との意思疎通や役割認識によって、他者たちと協調・協働できるための力

- 礼儀やマナー、ルールを守って行動することができる
- 自分と相手の性格や考えの違いを理解してかかわることができる
- 周囲の雰囲気などを配慮しながら行動することができる
- いま、相手が何を思っているのかを想像してかかわることができる
- 集団の中で自分の役割を自覚して行動することができる

また、岡山大学教育学部附属中学校（以下、附属中学校）でも同様の挑戦がなされました。先ほどの通り、いま小中学校現場では、新しい学習指導要領に掲げられている「学びに向かう力・人間性等」という非認知能力について具体化し、アセスメント項目化することが求められています。附属中学校では、先んじて自校での具体化を図るべく、「すべての教科教育（授業）に共通して求められる学びに向かう力・人間性等」の言語化に挑んだのです。ここでも、既存の生徒像や学校教育目標からのチャンクダウンだけでなく、各教科担当の先生方が描く各教科で引き出したい具体的な姿をできるだけ挙げてもらい、どの教科にも求められている姿を共通化するというチャンクアップも同時に取り入れました。

さらに、短期的な個々の授業中や授業前後の姿だけでなく、中期的な学期ごとの姿にも着目して、次ページのような二重構造によるアセスメント項目を作り出すことができたのです。（※9：中倉智美・2020年）

このように、これまでは数値化できない力として曖昧で抽象的にされてきたものを具体的に言語化・構造化して、「行動指標＝アセスメント項目」にまで可視化すること

岡山大学教育学部附属中学校
教科横断の非認知能力アセスメント

理念	非認知能力項目	評価項目	
自主自律　豊かな心で　たくましく 附属中学校が目指す生徒像	自主自律 —自分を律し、自他への敬意を持とう— <自制と敬意>	短期的〈自制系〉	授業に必要な基本的な姿勢や取組みができているか
			提示された課題を粘り強く追究できているか
			困難な課題に対して諦めずに解決できているか
		中期的〈敬意系〉	学びにかかわる様々な「人・ものやこと・自分自身」を尊重できているか
			共に学び合う他者に共感しながらお互いの違いも含めて尊重できているか
			新しい知識や異なった見識を拒むことなく謙虚に学ぼうとしているか
	豊かな心で —人とつながり、社会へ貢献しよう— <協働と貢献>	短期的〈協働系〉	自分の意見を相手に配慮しながらわかりやすく伝えられているか
			相手の意見を積極的に聴き入れ違いなどを理解できているか
			お互いを生かし合える役割を担い共に課題解決ができているか
		中期的〈貢献系〉	学んできたことを活用して身近な課題解決ができているか
			自分が日常生活や地域社会のために果たしたい役割を自覚できているか
			学んできたことを踏まえてよりよい社会のあり方を見通すことができているか
	たくましく —意欲を持って、挑み続けていこう— <意欲と挑戦>	短期的〈意欲系〉	自分の考えを整理し意見として積極的に表現できているか
			自分で新しい課題を発見しさらなる探究ができているか
			学習した内容と自分や社会とのつながりを見出せているか
		中期的〈挑戦系〉	学んできた内容を多面的な視点を用いてさらに探究を深められているか
			学んできた内容を実生活や社会の中で活用できているか
			学んできた内容をさらに新しい内容や取組みへと更新できているか

ができれば、支援したい相手が、いまどのような状態なのかを把握することができ、その上での具体的な支援も可能になることでしょう。逆に、曖昧で抽象的なままにしてしまっていたら、経験豊富な実践者の中だけで潜在的に完結してしまい、同僚や後輩たちとの顕在的な共有がままならなくなります。つまり、このようなアセスメントの取り組みは、非認知能力の個人化・暗黙化を防ぎ、チームで非認知能力レンズを持ち、そのレンズに磨きをかけながら、支援したい相手のために適切な支援を可能にするために必要なことなのです。

アセスメントの活用①——言葉による「アセスメント」

さて、アセスメント項目をつくったからといって、そこで満足してしまっては、結局のところ育てたい理念も構成要素も行動指標も「絵に描いた餅」です。せっかくつくり上げたアセスメント項目を活用して、実際にアセスメントを行ってみましょう。その際に、おススメの方法のひとつが、先ほども提案した「言葉によるアセスメント」

になります。無理に数値化するのではなく、実際の相手の姿や変化をアセスメント項目に照らし合わせながら言葉にしていくのです。前述した「ナラティブ・アセスメント」ですね。幼児教育や保育の領域でエピソード記述やラーニングストーリーと呼ばれているものと似ています。もともと数値化によって子どもを評価することのない領域では、見取った子どもたちの姿や変化を言葉で表し、同僚や保護者たちと共有してきたわけです。

前著でも紹介したA・M・I学童保育センター（岡山県）の「學びアセスメントシート」（165ページ参照）もまさにこの手法を取り入れ、子どもたちの半年ごとの成長・変化をアセスメント項目に照らし合わせながら言葉にしています。さらに、ここではアセスメント項目そのものも職員間で定期的に見直しを図っており、いまの子どもたちをとらえた上で、育ってほしい子どもたちの姿についても改善を加えています。

前著をお持ちの方は、158ページにある學びアセスメントシートをご覧ください。2018年当時のアセスメント項目から改善されていることが、おわかりいただけることでしょう。

2019年　前期		学年:3年生	氏名: やまなか　ゆいと(仮)
育てたい力		4月~8月	
自分と向き合う力	●自分の感情をコントロールすることができる(自制心)	4月、かまぼこ板落としで遊ぶことが多かったゆいと君。接戦の勝負で負けてしまうと感情的になってしまい、遊びから抜けてしまうことが多々ありました。そんな、ゆいと君に対して「ゆいと! ドンマイ!」と声をかける4年生のかずや君のおかげもあり、感情的になってしまうときでもグッと我慢する場面が増えてきました。	
	●あきらめずに取りくみ続けることができる(忍耐力・持続性)	夏休み、クラブでの祭りに向けて「ロックソーラン」の練習がスタートすると、上手く踊ることができず「オレ……ヘタやもん……。」とつぶやいていました。しかし、その後4年生リーダーたちに声をかけられ「ソーラン特訓」に参加すると「もっと上手くなりて~!」と毎日30分間の練習に1日も欠かさず、参加することができました。	
	●後ろ向きになっても、気持ちを切り替えることができる(回復力)	ゆいと君にとってイヤなことがあると「もうイヤだ!」「できんもん!」と過度に落ち込んでしまいます。まだまだ気持ちの切り替えに時間がかかってしまうこともありますが、周囲からのアドバイスやサポートを受ける中で、課題を乗り越えていこうとしている段階です。後期も引き続き、サポートしていこうと思います。	
人とつながる力	●相手の気持ちに「寄り添い」・「認める」ことができる(共感性)	6月、公園のベンチで泣いている1年生を見かけると「どうしたん?何があったん?」と声をかけていました。その後は、「どうしてそうなったの?」と隣に座って話を聞く姿もありました。トラブルが解決されると「よかったなぁ~!　なんかあったらいつでも言ってこいよ!」と声をかけることができました。	
	●ルールを守り、折り合いをつけることができる(社会性)	7月に行われた「あみ屋会議」では、「新企画」について話し合いをしました。新企画として「お菓子くじにするのか?　それともお菓子つかみ放題にするのか?」を話し合う場面では、ほかのメンバーと意見がぶつかりながらも、最終的には「○○の意見もいいと思う!」と1つの意見に決めることができました。	
	●様々な場面で自分の気持ちを伝えようとすることができる(発信力)	1・2年生の頃は、自分の気持ちを伝えることが苦手な場面も多く、指導員からサポートを受けることがよくありました。しかし、下級生や同学年メンバーとの交流も広がったことで、仲のよいメンバーに対しては自分の気持ちを伝えることができるようになってきました。その一方で、上級生メンバーには、まだ少し言いにくそうにしている状況です。	
前へ進む力	●自分の「目標」・「課題」に取り組むことができる(向上心)	「ドッジボール大会で優勝したい!」と目標を決めたゆいと君。目標に向かって苦手なボールを投げる練習に取り組む姿がありました。ときには3年生のだいき君に「一緒に特訓してや!」とお願いをし、一緒に特訓する場面も見受けられました。そして、ドッジボール大会当日では、特訓の成果を見事に発揮し、相手選手を当てることができていました。	
	●失敗を恐れずにチャレンジすることができる(冒険心)	1・2年生の頃は、何よりも失敗をしたくないという気持ちの方が強く出ていたように思われます。しかし、3年生になって「1回だけなら……」とゆいと君なりに考えてチャレンジすることが増えてきました。まだまだ、難しいこともありますが、こうした経験をもとに取り組むことができるのではないかと思います。	
	●自信を持ち、強みを発揮することができる(自尊心)	6月にはけん玉で1・2年生に「もしかめ」のやり方を教えてあげる姿が見られ、3年生としての頼もしさを感じました。夏休みでは、「ゆいと特訓」と名付け、ヒザの使い方・タイミングの取り方などを下級生にアドバイスすることができました。自分の得意なことには自信を持ってかかわることができていました。	

なお、A・M・I学童保育センターでは、現在200名を超える子ども一人ひとりに前期と後期の年間2回のアセスメントを行い、子どもの成長・変化を保護者と言葉で共有しています。その時間と労力の大変さは言うまでもありません。

しかし、スタッフたちはこのアセスメントを単なる保護者向けのサービスとしていないからこそ大変でも継続できているのです。彼らは、実際にアセスメントをしながら「この子には、もっと適切なかかわりがあったのではないか、次からはこんなサポートもしていきたい……」などと、自分たちのかかわりの振り返りができることにも価値を感じています。まさに、子どもをランク付けするための評価ではなく、子どもたちの育ちを支援する側が支援内容の改善・向上をするための評価になっていることがわかりますね。

アセスメントの活用②――自分で自分を「アセスメント」

先ほどの言葉で評価する「ナラティブ・アセスメント」は、私たちが支援したい相手の姿や行動を見取り、そこから見えてきた現状や成長・変化をとらえていくという方法でした。つまり、支援する私たちから見た相手に対する評価ですね。今度は、本人自身が自分で自分をアセスメントする方法です。いわゆる「自己評価（セルフ・アセスメント）」ですね。この方法は、自分のことを客観的に見られるようになってくる児童期後半（小学4年生以降）から取り組むことをおススメします。

このセルフ・アセスメントでは、自分自身のことを記述形式で自由に評価してみることもできるのですが、私たちが前もって伸ばしたい力や引き出したい姿をアセスメント項目として設定しておき、その項目ごとに3段階または5段階評価をしてもらうといった方法が一般的です。現在、このセルフ・アセスメントの方法は、子どもたちの学校現場から社会人たちの職場に到るまで様々なところで使われています。

ただし、ここで重要な点は、どのようなアセスメント項目に基づいた設問にするかです。言うまでもなく、私たちが伸ばしたい力と設問内容が食い違っていれば、アセスメントしたいことがアセスメントできません。また、自己評価する側がどれだけ誠実に取り組んでくれるかも重要です。あくまでも自己評価なので、自分自身を客観的に見ようとしても主観の域を超えることはありません。そのため、こちらが想定するよりも自分を低く評価してしまうことさえあり得ます。本人が謙虚になっていたり、ちょうどいまそのことについて悩んでいたりといった要因も絡んでくることでしょう。したがって、そのまま額面通りに妥当性の高い評価として位置づけることは困難です。

ただし、仮に自己評価が5段階評価であれば、一見数値化できたようにもとらえられますし、グラフや表にして全体平均との比較などもできれば、自分の位置づけがわかりやすくもなります。その点では、「私による私の評価（現状把握）」として大いに参考にできる点もあるでしょう。しかしながら、たとえ数値化できたように見えても、平均との比較ができたように見えても、あくまでも主観的な自己評価によって可視化していることを忘れてはいけません。

ちなみに、169ページでは私の岡山大学での取り組み事例として正課外活動支援のための非認知能力アセスメント項目（簡易版）を紹介しました。こちらのアセスメント項目は、3能力群×5項目（計15項目）までに精査したものです。このように項目化ができれば、各項目を質問形式に変換することでセルフ・アセスメントシートを問）以下の質問項目について、あなたはどれぐらいできていると思いますか?
当てはまる数字一つに○をしてください。

No.		とてもできている	できている	どちらともいえない	できていない	まったくできていない
1	辛いことや苦しいことがあってもいつも通りにふるまえる	1	2	3	4	5
2	ストレスがたまらないように発散できる	1	2	3	4	5
3	落ち込むようなことがあっても、気持ちを切り替えられる	1	2	3	4	5
4	自分のことを慰めたり、元気づけたりできる	1	2	3	4	5
5	腹立ちやいら立ちを抑え込んで耐えられる	1	2	3	4	5
6	一度始めたことは、あきらめずに持続できる	1	2	3	4	5
7	一度始めたことをもっと続けてみたいと思える	1	2	3	4	5
8	日頃の努力を技術向上や課題解決につなげられる	1	2	3	4	5
9	具体的に目標を設定して、その目標へ着実に向かえる	1	2	3	4	5
10	いま取り組んでいることを、さらに改善しようとできる	1	2	3	4	5
11	礼儀やマナー、ルールを意識しながら行動できる	1	2	3	4	5
12	相手の性格や考えを理解しながらかかわることができる	1	2	3	4	5
13	周囲の雰囲気などを感じ取りながら行動できる	1	2	3	4	5
14	いま、相手が何を思っているのか理解しようとできる	1	2	3	4	5
15	集団の中で自分の役割を自覚しながら行動できる	1	2	3	4	5

作成することができます。実際に岡山大学の学生たちに回答してもらっているこのシートを例示しておきますので、よろしかったらみなさんも自己評価してみてください。また、岡山大学に限らず様々なところでご活用いただけますので（すでに、他大学や中学校・高校で活用していただいています）、ぜひお役立てください。

「アセスメント」の向こう側

本章の最後にアセスメントをした上で、実際の支援の中でどのように展開していけばよいのかについて提案していきます。もう一度確認しますが、非認知能力のアセスメントは、決してランク付けするのではなく、あくまでも非認知能力を伸ばしたい相手の現状を把握して充足と不足を知ることです。そして、支援する側の私たちに何ができていて、何ができていないのかを知り、これから何ができるかという方針を立てるためにあるのです。そこに到らなければ、アセスメント項目をつくり、実際にアセスメントしてみたところで、その役割を果たすことはできません。

例えば、先ほどのようなセルフ・アセスメントに学校や会社全体で取り組むことで、その結果から所属する人たちの（自己評価による）現状を把握することができます。そこで、本人たちの意欲が低くなってきているであろうことがわかれば、意欲を高めるためのギミックを仕掛けていくといった手立てに移れます。セルフ・アセスメントのやりっ放しや、結果を次の改善につなげていこうとしなければ、あまりその意味をなさないことになるので注意が必要ですね。

その点では、これまで提案してきた目標となる伸ばしたい力や引き出したい姿とアセスメントによって把握できた現状との「間」をいかにつなげていくのかが問われることになるでしょう。レフ・ヴィゴツキー（旧ソ連の心理学者）が提唱した「発達の最近接領域（ZPD：Zone of Proximal Development）」の考え方に基づいて、支援したい相手が一歩一歩乗り越えていけそうな段階を設定し、現状から目標までをスモールステップで到達できるように支援していくことが望ましいのです。

例えば、２学期の後半になっても、小学校の休憩時間になるといつも一人ぼっちで本を読んでいる子どもがいたとします。その子がとにかく本が大好きで読み続けているのならよいのですが、そうではない可能性だってあるわけです。優れた教師は、その子の行動の理由・背景を一つだけに限定することなく、より多面的で柔軟に行動分析をしていきます。ひょっとしたら、この子には友達がいないのではないか、ほかの遊びを知らないのではないか、引っ込み思案で自分に自信がないからではないか……というようにです。

そして、もしこの子が自分に自信がなかったり、友達がいなかったりという理由で本を読み続けていたとします。すると、教師はこの子が自分を高める力や他者とつながる力を伸ばしていくために、「クラスの友達といろんな遊びをやってもらいたい」という目標を設定するわけです。この時点で、現状の把握と目標の設定の「間」が生まれましたね。

さて、それではどうやってこの「間」をつなげていくかです。いきなり、この子を外遊びに連れ出し、思いきりアクティブな運動系の遊びをさせるわけにはいかないでしょう。もともと読書という静的な活動をしているわけですから、折り紙などの遊びを提案して受け入れてもらえればよしとしましょう、さらに、チャンスを見てほかの

現状と目標の「間」をつなぐ支援のあり方

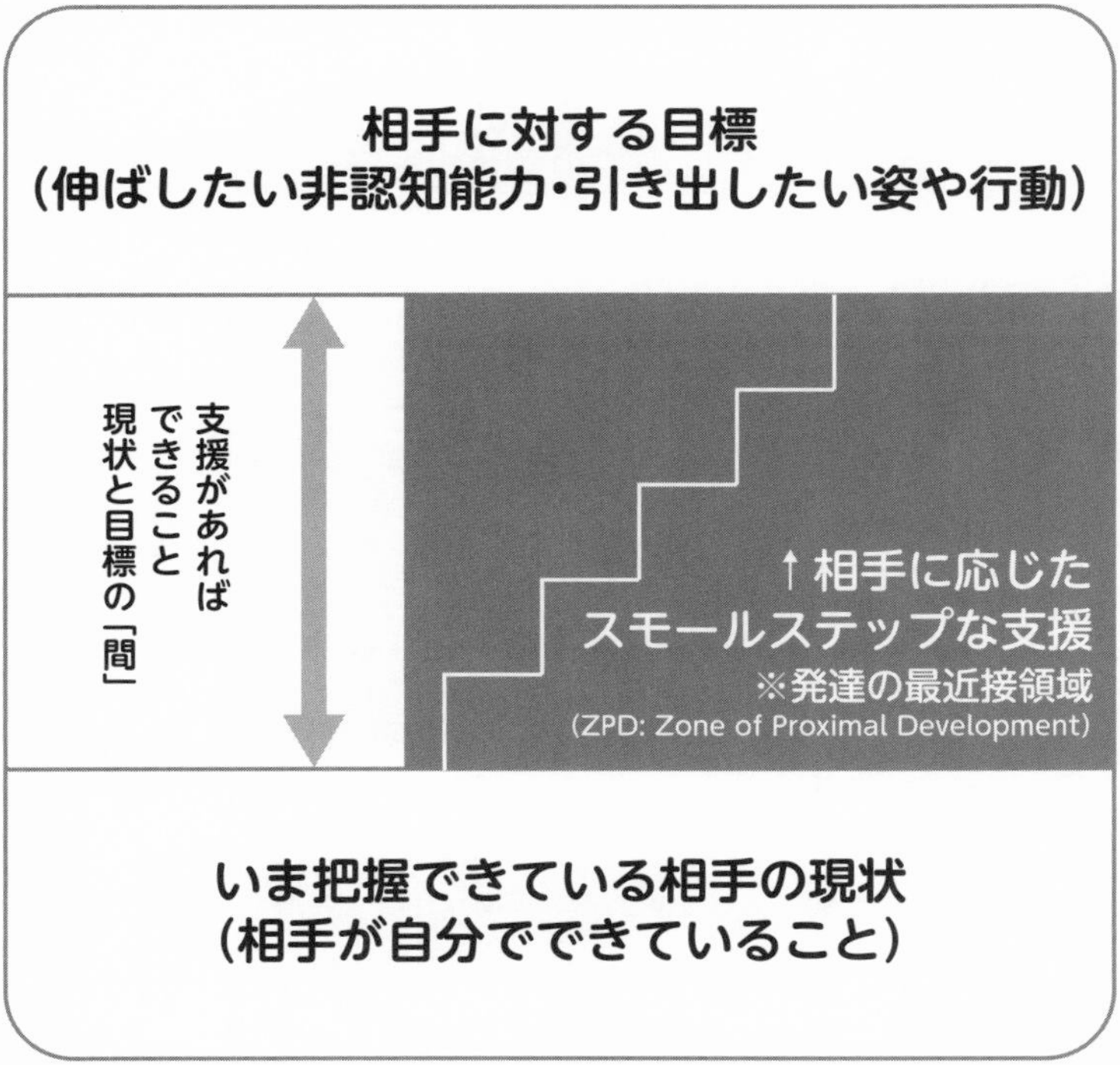
相手に対する目標
（伸ばしたい非認知能力・引き出したい姿や行動）
支援があればできること
現状と目標の「間」
↑相手に応じた
スモールステップな支援
※発達の最近接領域
(ZPD: Zone of Proximal Development)
いま把握できている相手の現状
（相手が自分でできていること）

クラスメートを誘ってみるのもよいですね。また、この子が興味を持っている本を紙芝居にしてみるという提案もありかもしれません。いずれにしても、この子の現状に合った活動を提案して、そこからほかの子との接点をつくり、設定した目標に向けて段階的に支援していくわけです（173ページの図を参照）。

かなり個別具体的な事例になってしまいましたが、先ほど紹介したような形式的で定期的なものだけがアセスメントなのではありません。日常的に非認知能力レンズを持って見取り、相手の現状を把握しておくことそのものがアセスメントであり、ギミックも含めた段階的な支援によって、相手が目標へ近づいていけるように働きかけていくのです。

ただし、相手がこちらの想定する通りに進んでくれないことも十分にあり得ます。そのときには、現状を適切にとらえられていたかどうか、設定した段階的な働きかけは妥当だったのかどうかなどを振り返り、必要に応じて修正が求められる場合もあります。さらにいえば、設定した目標そのものが相手にとって無理があったり、適当ではなかったりということさえ考えられます。その際には、目標そのものを見直さなければ

見えにくい力だからこそ必要なこと！

アセスメントで現状を把握し、
支援の効果も明らかに！
→ランク付けの評価ではなく、
私たちの支援内容を振り返り
改善・修正するために

見えにくい力（非認知能力）を
言語化・構造化して
見取るべき観点を明確に！
→曖昧さ、暗黙化、個人化
を防ぐために

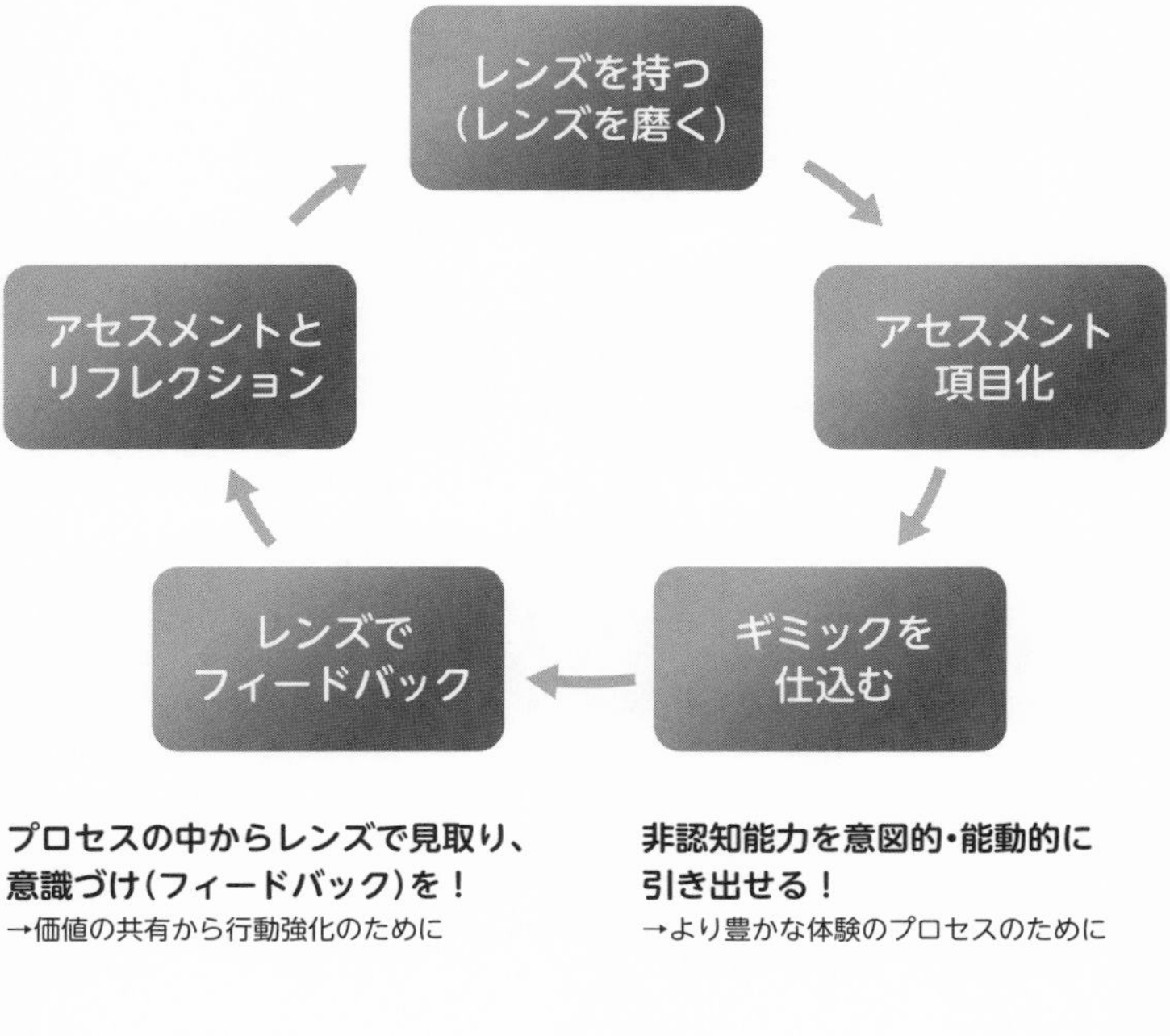

プロセスの中からレンズで見取り、
意識づけ（フィードバック）を！
→価値の共有から行動強化のために

非認知能力を意図的・能動的に
引き出せる！
→より豊かな体験のプロセスのために

ばなりません。このようにアセスメントは、私たちの支援そのものを振り返り、修正や改善を可能にしてくれるということを忘れてはならないでしょう。

最後に、ここまで提案してきたレンズ、アセスメント、ギミック、フィードバック、そして振り返り（リフレクション）についてのサイクルを１７５ページの図に示しているのでご参照ください。

第Ⅴ章

先が読めない時代を生き抜く「非認知能力を伸ばす」コツ

いよいよ最後の章になりました。

これまでの内容をもう一度おさらいして、さらにもう少し非認知能力のことについて考えてみましょう。
そして、先が読めない時代を生き抜くために、一緒に非認知能力を伸ばしていきましょう!!

★★★　一般の方にかなりおススメ
★★★　専門家の方にかなりおススメ

第Ⅰ章のおさらい

本書も最後の章となりました。ここで、これまでの章で確認や提案してきたことを一度まとめてみることにしましょう。なお、重要なポイントに傍線を引きました。

まず、第Ⅰ章の「あらためて『非認知能力』について」では……。

前著『学力テストで測れない非認知能力が子どもを伸ばす』で解説した内容を踏まえて、非認知能力は数値化できない（認知できない）力の総称であることを確認しました。しかし、ここには次のような留意点がありましたね。

(1)心理学領域で位置づけられてきた「認知」と異なっていること

心理学領域では、「認知＝数値化できる」ではなく、「認知（機能）＝記憶する、理解する、判断するなど」であるため、（経済学的な）非認知能力の中に、心理学的な認知機能がかなりかかわっている。さらに、心理学的な非認知能力は、認知機能以外の能力を示すため、情動的な面を限定して指している。

(2) 非認知「能力」だからといってなんでもかんでも伸ばせばよいというものではない

「能力」ととらえてしまうと伸ばしたり高めたりしなければいけないものだと錯覚してしまいがちだが、非認知能力はなんでもかんでも一辺倒に伸ばしたり高めたりすればよいものでもない。特定の力を過度に伸ばすことで、弊害となってくることだってある。大切なのは、状況に応じて必要な力を意識的に発揮できること。

(3) 非認知能力といってもレベルの違いがある

非認知能力にはレベルがあり、気質や性格などのように早いうちに形成される基盤となるものから、話し方や聞き方、ふるまい方などのようにトレーニングなどで短期的に習得できるものもある。そしてこれらの中間には、価値観や自己認識、行動特性などのように成育歴の中の様々な経験や学びによって形成される汎用性の高いものがある。本書では、特にこの中間のレベルにある非認知能力に着目した。

(4) 非認知能力を自分の内面や他者との関係性にかかわる力として限定する

ＯＥＣＤ（経済協力開発機構）が２０１５年に「社会情動的スキル」と提起したように、経済学領域と心理学領域との間で異なってしまっている非認知能力を自らの内面（情動的・対自的な力）と他者との関係性（社会的・対他的な力）の2つに限定する。特に本書では、自らの内面をさらに2つに分類して「自分の状態を維持・調整する（自分と向き合う）力」と「自分の状態を変革・向上する（自分を高める）力」とした。それに「他者と協調・協働する（他者とつながる）力」を加えた3つの力として整理した。

これら(1)〜(4)の留意点も押さえた上で、最近では本当に「非認知能力」という呼称が妥当なのかという疑問も呈されています。それでも、これからの時代に必要不可欠な力であることは間違いないものとして、いまはメディア用語化された呼称の是非を問うのではなく、こうした力を伸ばし、意識的に発揮していくために何ができるのかを提案するのが本書の役割です。

第Ⅱ章のおさらい

次に、第Ⅱ章の「非認知能力は『自分で』伸ばす力」では……。

非認知能力が自分の内面にかかわる力であるため、本人が意識することによって望ましい行動へ変わってくること、そしてこの意識と行動の蓄積が行動特性や価値観にも影響を与えて非認知能力を伸ばすことになると確認しました。そのため、相手に対してどのように意識づけしていけばよいのかが、私たちに求められてくるのでしたね。

この意識づけは、私たちから相手への押し付けではありません。相手が自らの意思で選択・決定をして、何が価値あることなのかを認識できなければならないのです。なぜなら、非認知能力は外側から伸ばされるものではなく、自分で伸ばすものだからでしたね。

そこで、私たちは相手と価値を共有する中で、相手がそこにある価値を自ら認識できるように促していくわけです。私たちが相手と価値を共有できるためにも、私たち自身がそこに何の価値があるのか（つまりは、どんな非認知能力を相手に伸ばしてもらいたいのか）をはっきりさせておく必要があります。そこで第Ⅰ章で確認した３つの非認知能力を活用してみましょう。

また、非認知能力を伸ばしたい相手が到達したゴール（結果）ばかりに目を向けるのではなく、結果の良し悪しがあったとしても、ゴールまでの間のステップを含むプロセスの中、そこに価値あることを見取りたいものです。そのためにも、単に「がんばったね」と伝えるのではなく、３つの非認知能力から見てどうだったのかを見取って、相手に具体的に返していくことができれば価値の共有を図れるようになります。これが、３つの非認知能力レンズを持って見取ることと、即時的または適時的にフィードバックすることでしたね。

さらに、私たちがこのような非認知能力レンズで見取り、フィードバックして価値を共有することができれば、相手は自ら非認知能力を伸ばしていこうとするだけでなく、自分自身の内なるレンズを持って自分のプロセスを見取り、価値を認識できるような振り返り（リフレクション）ができることも提案しました。

第Ⅲ章のおさらい

続いて、第Ⅲ章の「非認知能力を伸ばす『仕掛け』」では……。

レンズを持って相手が見せてくれる姿や行動を受動的に見取るだけでなく、能動的に姿や行動を引き出していくためのギミックについて提案しました。しかし、このギミックは相手が受け入れてくれるかどうかが重要で、ここでも相手の意思を無視して押し付けることのないように注意が必要です。だからこそギミック（相手の興味を引く仕掛け）と呼ぶようにしています。

このギミックは、相手に直接何かを教えたり、学ばせたりするのではなく、何らかの媒介（教材）となるものを意図的に設定して、教えたいことや学ばせたいことを相手が自ら学べるようにしていくためのものです。非認知能力は誰かから押し付けられるのではなく、自分で伸ばしていく力ですから、このギミックはうってつけともいえるでしょう。

ただし、ギミックの意図的な設定は、直接助言したり指導したりすることよりも難しいかもしれません。そこで、まずはどんな非認知能力を伸ばしたいのかを明確にしてみましょう。先ほどの３つの非認知能力を活用すると……。

①自分と向き合うためのギミック

自制心や忍耐力、回復力が必要となる○○○○

②自分を高めるためのギミック

意欲や向上心、自信や楽観性が必要となる○○○○

③他者とつながるためのギミック

他者とのコミュニケーションや協力が必要となる○○○○

が挙げられます。あらかじめ相手の伸ばしたい非認知能力は何かというねらいを持って、どんな○○○○（機会や活動、環境など）を提供できればよいのかを考えておくことが大切ですね。

さらに、これらのギミックが相手の体験の中に上手くハマり、体験のプロセスをより豊かにしていくためには、先ほどの3種類のギミックのいずれの場合であっても、相手が興味・関心を持てる（参加できる）プロセス、自分たちで修正・改善や新しくつくり出せる（参画できる）プロセス、そして仲間たちと一緒に取り組める（協働できる）プロセスがあるとよいですね。

このようにねらいを持ってギミックを意図的に仕込む中で、参加・参画・協働のプロセスが生まれてくれれば、本人にとって体験そのものがますます豊かになっていくでしょう。体験が豊かになれば、経験や学びも豊かになりやすくなることは言うまでもありません。ギミックをいかに仕込んでいくか、私たちにとって腕の見せ所ですね。

第Ⅳ章のおさらい

そして、第Ⅳ章の「非認知能力を『アセスメント』する」では……。

子どもや生徒・学生、後輩や部下などの相手が、非認知能力を伸ばせるように支援する「実践のプロフェッショナル」に求められるのがアセスメントでした。このアセスメントは、決して相手をランク付けするための「評価」ではなく、相手の現状を把握した上で、私たちにはどのような支援ができるのかを振り返り、修正・改善するためのものでしたね。

この非認知能力のアセスメントは、第Ⅱ章のレンズととても似ていることがわかります。つまり、曖昧で抽象的な非認知能力を具体的に言語化して、それらを構造化することがアセスメントには求められているのです。この点では、レンズのときよりもさらにマニアックな段階になりますね。

実際には、もともと保育所や幼稚園、学校、企業などで掲げられている「目指す子ども像・生徒像・社員像など」を具体的な行動レベルにしていく「チャンクダウン」があります。また、その逆に具体的な行動を挙げまくって、そこから共通化を図り抽象度を上げていく「チャンクアップ」もあります。これらを組み合わせたやり方も含めて、各機関で取り組まれることをおすすめしました。

こうして言語化したやや具体的な「目指す〇〇像」を構成する要素としての非認知

能力のことを「構成要素」といい、さらに具体的な行動や姿のことを「行動指標」といいます。この3つを最終的には樹形図にして構造化しておきましょう。すると、樹形図の下に位置づく行動指標こそがアセスメントするための項目（アセスメント項目）になるわけです。この項目が出来上がれば、私たちが相手を項目に基づいて（数値ではなく）言葉でアセスメント（ナラティブ・アセスメント）することも、本人たちに自己評価（セルフ・アセスメント）してもらうこともできます。

このようなアセスメントには、アセスメント項目にする中で私たちが目指したいことや大切にしたいことを言語化して、周囲と共有できる利点があります。さらに、先ほどの通り相手の現状把握を踏まえて、相手に無理のない（スモールステップな）支援計画を立てることも可能となるとともに、私たちの支援の修正・改善につなげることもできるわけです。

さて、ここまでが第Ⅰ章から第Ⅳ章のおさらいでした。ここからは、第Ⅳ章までに書き切れなかった内容について提案をしていきます。

「認知能力」と「非認知能力」の関係って？

前著でも、そのほかの非認知能力に関する著書や論文などでも、共通して述べられていることは、「認知能力と非認知能力は相反する関係ではない」という点です。たしかに、これまで認知能力が重視されてきた考え方（いわゆる従来型の学力偏重主義や偏差値主義など）は、私たちに大変多くの影響を与えてきました。そして、そのアンチテーゼ（逆ブレ）のように浸透し始めているのが非認知能力となります。

しかし、この2つの能力が相反する関係になればなるほど、今度は「認知能力なんて必要ない！　非認知能力さえあればよい！」という流れを引き起こしかねません。仮に、ＡＩ（人工知能）が私たち人間にとって求められる認知能力の大半を担ってくれたとしても、実際に私たちがＡＩとパートナーになる上で、やはり認知能力は必要なのです。現実に、いまでもスマートフォンで何かを検索するとき、私たちはすでに記憶している知識や情報の中から関連するものを検索して、調べたい知識や情報にたどり着いています。これは、まさに認知能力の賜物です。そのほかにも、知識や情報を読み解いたり、組み合わせたり、論述などのアウトプットをしたりといった能力も認知能力にほかなりません。

したがって、非認知能力をないがしろにして認知能力だけを重んじるのではなく、その真逆に認知能力を否定して非認知能力だけを肯定するのでもなく、まさに「（どちらかだけに偏らない）中庸」の考え方が求められます。つまり、非認知能力を伸ばしながら認知能力も伸ばしていくことができればよいのではないでしょうか？　それを家に例えたのが前著でも紹介した190ページの図でした。

土台と柱・筋交いをないがしろにした「家」は、もはや「家」とはいわず、「張りぼて」といいます。逆に、土台と柱・筋交いをしっかり築き上げていけば、壁や天井などを十分に取り付けることができるわけです。例えば子育ての中で、ついつい我が子のためにと急いで外観だけを取り付けるのではなく、内側からしっかりと築いていく……遠回りのように見えて一番の近道だと思いませんか？

非認知能力は人間の柱や筋交い

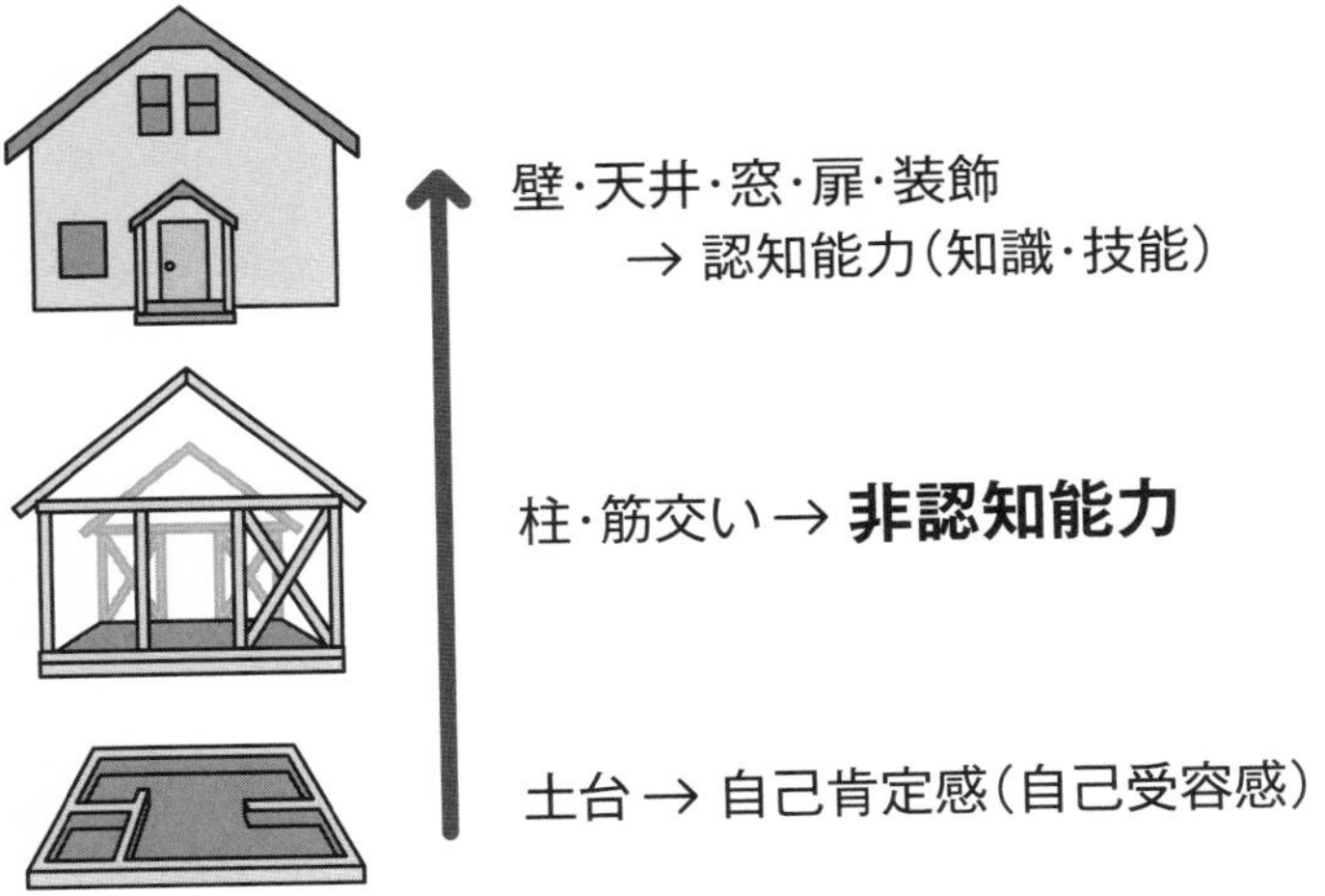
壁・天井・窓・扉・装飾
→ 認知能力（知識・技能）
柱・筋交い → 非認知能力
土台 → 自己肯定感（自己受容感）

出典：『学力テストで測れない非認知能力が子どもを伸ばす』中川芳一、東京書籍／イラスト：井上和美

「非認知能力」が「認知能力」を伸ばす

この「家」のイメージ図を実際の教育現場で体現している事例があります。例えば、大阪府茨木市では２００８年から「一人も見捨てへん」教育を方針として掲げ、市としてすべての子どもの学力向上に取り組み続けてきました（※10：茨木市教育委員会・２０１４年）。茨木市はスローガン通り単に平均点だけに焦点を当てるのではなく、学力調査の上位層（正答率80％以上の層）を伸ばし、下位層（正答率40％未満の層）を減少させることに注力してきました。これだけだと茨木市は学習支援を徹底的にやってきたと思われるかもしれません。もちろん市の組織改革や予算配分の見直し、学校の授業力向上、家庭への支援などにも取り組んできました。

ただし、ここで最も注目すべきは、茨木市教育委員会の指導主事たちが議論を重ねて「４つの学力を下支えする力（非認知能力）」を構築したことと、それらを質問調査方式（第Ⅳ章でいうところのセルフ・アセスメント）で可視化し関係機関で共有した点です。先ほどの「家」でいうならば、「４つの下支えする力」とは「土台と柱・筋交い」

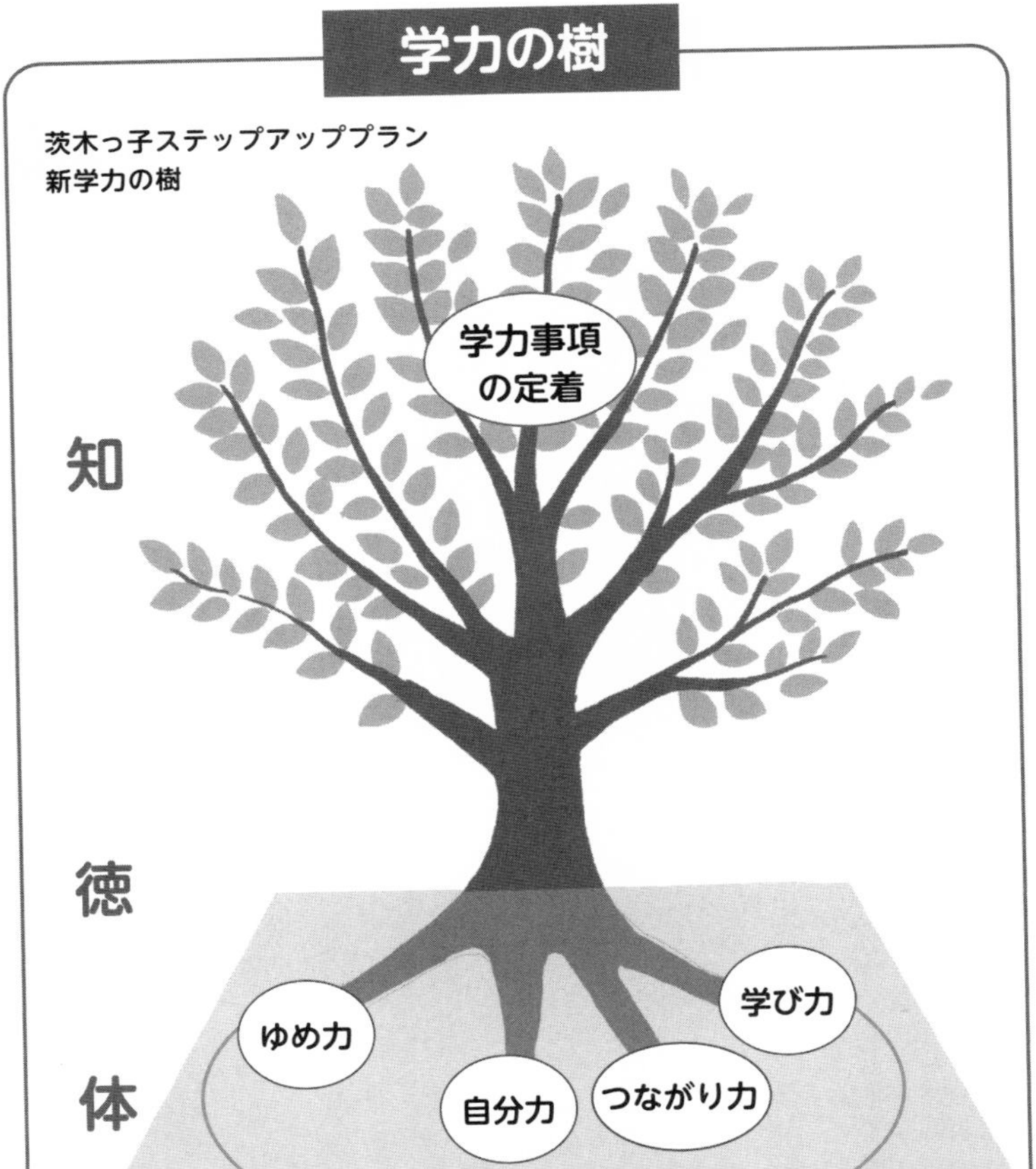
学力の樹
茨木っ子ステップアッププラン
新学力の樹
学力事項
の定着
知
徳
体
ゆめ力
自分力
つながり力
学び力
体力

大阪府茨木市が掲げてきた「学力の樹」をもとに作成

を意味しています。192ページの図は、実際に茨木市が掲げてきた「学力の樹」をもとに作成しました。このような取り組みを継続して進めてきた結果、茨木市では5～6年の歳月をかけて先ほどの下位層が著しく減少したとともに、上位層の大幅な増加を実現できました。さらに、4つの力と学力調査の正答率との相関関係を見ると、小中学生ともにどの力も正答率と有位な相関があることまでわかったのです。

なお、現在も茨木市ではこの4つの力を「茨木っ子力」という非認知能力として見直しを重ね、「ゆめ力：未来に向かって、努力できる力」「自分力：自分と向き合い、高める力」「つながり力：他者を思いやり、つながる力」「学び力：興味関心を拡げ、意欲的に学ぶ力」と位置づけています。茨木市が力を注いでいる「一人も見捨てへん」教育こそ、非認知能力が認知能力を伸ばした事例といえるでしょう。

「認知能力」獲得・向上の中に「非認知能力」を見出す

現在、非認知能力が伸びることで認知能力にもプラスの影響を与えるという研究結果（非認知能力→認知能力）は示されるようになりましたが、その逆、つまり認知能力が高ければ非認知能力も高いのか（認知能力→非認知能力）については示されていないといわれています。たしかに、勉強ができるからといって自制心があり、意欲的で、周囲の人に配慮できるような人ばかりでないことは、身近な事例から見てもわかりそうです。

しかし、もし「非認知能力→認知能力」だけでなく、「認知能力→非認知能力」の関係もあるとすればどうでしょう。第Ⅱ章の「ゴール・ステップ・プロセス」を思い出してみてください。意外に、目に見えてわかりやすいゴールやステップは、知識や技能などの認知能力と切り離せないことが多くないですか？　第Ⅱ章の事例でも紹介した受験勉強などのように認知能力を実際に高めていかなければ到達できないゴールやステップは身のまわりに数多くあるわけです。つまり、認知能力を高めながら、ゴールやステップに向かうプロセスの中で、本人が非認知能力を伸ばしている姿を見取っていけばよいという考え方になります。これが、目に見えやすいゴールやステップにばかり目を向けていたり、認知能力の獲得・向上にばかりとらわれていたりすると、プロセスの中の非認知能力が見えなくなってしまうのです。

したがって、認知能力を獲得・向上していくプロセスの中で、認知能力だけでなく非認知能力にも目を向けていけば、お互いが相反する関係になることもありませんね。もちろん、仮にあまり認知能力を獲得・向上できなかったとしても、めげることなくやり抜こうとしている姿なども見取っていきたいものです。

「非認知能力」と「認知能力」の相関関係

この認知能力と非認知能力を巧みに組み合わせた学校での事例を一つ紹介しておきます。岡山県早島町にある早島中学校です。この中学校では、地元名産でもある「い草」を使った商品開発と販売に中学生たちが取り組んでいます。そして、生徒たちと先生たちとで中学校に設立した会社が「早島×い草」を掛け合わせた「ＨａｙａＧｕｓａ國《コ》府《ゥ》ポレーション」です。実際に、い草の卓球ラケットを使った卓球大会の運営や、い草を使って作製した防災マット、入浴剤、スマホケースなど次々と商品開発が行われています。いわゆるＰＢＬ（プロジェクト・ベースト・ラーニング）ですね。

この早島中学校のＰＢＬで注目したいことは、商品企画をする際、製造元の企業と折衝する際、実際に地域などで販売する際に、生徒たちが前面に出て自ら実行するため、相当の認知能力が求められる点です。当然のことながら、思いつきの企画書で企業は動いてくれません。商品の独自性に加えて、企画の根拠、緻密な試算、アウトプットの技術まで必要になります。多くの場合、これらは認知能力であり、中学校で習得している以上の内容も問われてくる場合があるでしょう。しかし、このような条件であっても、いや、このような条件だからこそ、生徒たちは認知能力を獲得・向上しながら、ますます意欲的に取り組み続けてこられたのです。

２０１８年当時の早島中学校校長は、このＰＢＬの方針について説明される中で、

「例えば野球でいうなら、私は生徒たちにやみくもに素振りをさせたくはありません。生徒たちは、実際に試合をしてみるからこそ、素振りや走り込みや筋トレの必要性がわかると思うんです。だから、私はまず生徒たちに試合をさせてあげたいんです！」

と強調され、私は大いに賛同しました。

地元の名産「い草」を使った商品開発と販売に取り組む早島中学校の学生たち。

ＰＢＬが、学校と社会をつなぐ「実学」になっているからこそ、生徒たちは単に非認知能力を高めるだけでなく、なぜ認知能力が必要なのかを知ることもできるわけです。そして、ＰＢＬの中で生徒たちの非認知能力が認知能力を伸ばし、生徒たちの認知能力が非認知能力をさらに伸ばしていけたのではないでしょうか。

「意欲」こそが目標と課題を設定する

先ほどの早島中学校での事例や第Ⅲ章でも提案してきたＰＢＬに共通する点は、興味・関心を持つこと、そして意欲を持って取り組むことではないでしょうか。大人たちから「やらされる」のではなく、自分の「やりたい」と出会い、その活動に没頭していけば、そこで必要とされる認知能力も決して押し付けられるのではなく、自ら獲得・向上していこうと思えるようになるわけです。

第Ⅲ章のギミックでは、子どもたちの「やりたい（興味・関心、意欲）」を引き出すために私たちが何をどのように仕掛けられるかを提案してきました。その一方で、私たちが特別に何かを仕掛けなくても、現段階で相手が「やりたい」と思える力（特に、自分を高める力）を持ち合わせていれば、その人は自分から没頭していくことができるようになるでしょう。相手が「やりたい」と思える力を身に付けるのが先か（卵が先か）、何かを仕掛けるのが先か（ニワトリが先か）、となってしまうかもしれませんが、両方ともが大切であることはわかります。だからこそ、子ども時代にしっかりと遊んできた子どもは、「やりたい」と思える力が高くなり、様々なことに意欲を持って没頭できるから、従来型の学力（認知能力）にもプラスに作用しているという内田伸子ら（２０１４年）の研究結果が出されたわけです（※11：２０１４年）。

この点において、前著でも触れてきたように「やりたい」の象徴ともいえる「遊び」は子どもにとっても大人にとっても大切でしょう。また、「遊び」に限らず、人は様々な場面で「自己決定（自分で決めること）」の機会が必要です。自分で決めたという（自分ごとの）体験・経験は、自分で決めることができたという自尊感情や次からも自分で決めたいという意欲につながっていくからです。

ところが、お店の中で子どもが商品AとBのどちらにしようか悩んでいる横から、

「こっちにしなさい！」と一方的に決めてしまう親を見かけることがあります。これは子どもへのやさしさなどではありません。子どもが、どちらにしようか悩んでいるということは、「どちらかに決めよう」という意欲があるからです。その意欲をないがしろにして、親が一方的に決めてしまえば、子どもは「どちらかに決めよう」という意欲を持つ必要はないんだ、と認識してしまいかねません。そして、「どっちがいい？」と聞かれると「どっちでもいい（どうでもいい）……」と答えてしまう子どもになりかねないのです。こうした日常的な場面の中で、子どもが意欲を持てる大人に育つかどうかが問われますので、特に親や身近な大人は気を付けなければならないですね。

さて、近年注目を集めている「クリエイティブ・クラス」という言葉があります。前著でも紹介し、経済産業省からも発信されている言葉です。これは経済成長の推進力を担う社会経済的な役割・階級を意味していますが、いわば「目標を設定して、創造的に課題解決をしていく役割」といえます。このクリエイティブ・クラスは、特別なもののように思えますが、これからＡＩやＩｏＴ（Internet of Things ＝ものがインターネット経由で通信すること）とパートナーを組んでより豊かな社会を築いていく上で、より多くの人たちが果たすべき重要な役割ではないでしょうか。ＡＩやＩｏＴによって、私たちを取り巻く膨大な情報が収集・蓄積され、さらにスピーディーに解析・処理されることが可能となってきました。その中で、私たち人間はＡＩやＩｏＴに助けられながら生活できていることを、自覚し始めています。

例えば年末に「日本一の富士山で初日の出を見たい」と私たちが思い、富士山までの行き方をスマートフォンなどで検索するとします。すると、より早い行き方、より安い行き方、より快適な行き方……など、私たちのニーズに応じた検索結果があっという間に出てきます。分厚い時刻表を使って検索してきた世代の方々からすれば、この歴然とした時間と労力の差にさぞかし驚かれることでしょう。

しかし、ここで重要なのは、そもそも「富士山で初日の出を見たい」と思ったのは誰か？　という点ですね。いうまでもなく、私たち人間です。

このように、たしかにＡＩやＩｏＴは私たちのニーズに応じてスピーディーに富士山までのルート設計をしてくれます。しかし、「富士山」という目標の設定をするのは、私たち人間なのです。

さらに言えば、「日本一の富士山で初日の出を見たい」という意欲がこの目標設定の基盤になっていることがわかります。つまり、先ほどの「やりたい」と思える力を私たちが持たなければ、多くの場合目標や課題の設定はできないのです。そして、私たちが目標や課題を設定しなければ、多くの場合ＡＩやＩｏＴが私たちをサポートすることはできないことになります。ＡＩやＩｏＴがますます存在感を強めていく時代だからこそ、人間にしかできない役割（ここではクリエイティブ・クラス）とその役割に応じた能力（ここでは意欲などの自分を高める力）、すなわち非認知能力が私たちには求められているのです。

計画的偶然とセレンディピティ

非認知能力といえば、前著でも紹介したジョン・Ｄ・クランボルツ（※12：２００５年）の「計画的偶発性理論」も忘れてはいけません。彼は、人生の約８割が偶然でできていて、その数々の偶然が計画されたかのようにつながっている人が（アメリカで）社会的に成功していることを明らかにしました。そして、その人たちは、興味・関心や意欲などの「好奇心」、自分が取り組んでいることに楽しさを見出せる「楽観性」、リスクを取ってでも挑むことのできる「冒険心」、凝り固まることなくしなやかに物事をとらえられる「柔軟性」、つらくて大変なことがあってもすぐにやめるのではなく一定期間続けられる「持続性」といった5つの非認知能力を共通して持っていることも明らかにしました。言い換えれば、これら5つの力を持ち合わせていれば、8割の偶然を計画されたかのようにつなげていけるというのです。

このクランボルツが提唱する「計画的偶然」と非常に類似しているのが「セレンディピティ（Serendipity）」です。「幸運な偶然」ともいわれており、ペルシアのおとぎばなしにある『セレンディップ（スリランカ）の3人の王子たち』から由来していきます。この物語は、セレンディップの国王が3人の王子たちを鍛えるべく、旅に出ることを課します。そして、王子たちは旅の中で起こる数々の苦難を乗り越え、最終的には母国に戻った後に別々の国の王となって幸せに暮らすという話です。この3人の王子たちは、多くの人たちと出会い、数々の苦難に対してもへこたれることなく前向きに乗り越えようとしていきます。さらに、持ち前の洞察力と推測力（いわゆる心理学的な認知能力）も発揮して、名探偵のごとく問題を解決していくのです。

この物語から、オープンマインドで（気持ちを開放して）人との出会いをつくり、肯定的に物事をとらえ、洞察力と推測力を発揮していける人が、「セレンディピティ＝幸運な偶然」を起こしていけるという教訓を得ることができます。この考え方は、ビジネスの世界で多くの社会人たちの間でも共有されており、ピンチをチャンスに変えることや当たり前にされている中に新しい価値を見出すことなどの重要性が伝えられているのです。

結局のところ、私たちはたくさんの偶然の中で生きているわけですが、偶然を単なる偶然のままで終わらせるのではなく、その偶然を自分や周囲の人たちにとっての幸運に変えていくために、非認知能力や認知能力が必要であることがわかります。そうであるなら、これらの力を伸ばしていくためには、個人の中だけで閉じるのではなく、いろいろな人たちとの開かれた出会いが大切になってくるでしょう。

例えば、子どもたちは身近な同世代の子ども同士だけでなく世代の違う人たちとも出会うことができ、大人たちは同じ業種の大人同士だけでなく業種の違う人たちとも出会うことができれば、非認知能力を自ら伸ばしやすくなる「コミュニティ＝つながりの場」という環境がつくられることになります。このような環境、特に大人たちがつくり出すコミュニティ（多世代間交流や多業種間交流の場）は、今後ますます必要になってくることが予想されます。

なぜなら、先ほどのように非認知能力を伸ばすことに加えて、人生１００年時代に向かって個々人の生活の質（ＱＯＬ）を高める点でも必要になってくるからです。しかし、このコミュニティは必要だからといって外側から用意されるのではなく、大人たちがつくりたい、さらに

は楽しみたいという動機付けの中でこそつくっていきたいものです。古事記におさめられている「天《あま》の岩戸《いわと》」の神話よろしく、私たちが楽しみながらつながっているコミュニティに、「楽しそう！　つながりたい！」と思った周囲の大人や子どもたちが飛び込める環境を各地につくり出していきたいですね。

ケア的関係の中で「安全基地」を！

先ほどの「楽しそう！　つながりたい！」と思えるコミュニティをつくり出していく上でも、子どもと子ども、子どもと大人、大人と大人の個別の関係を築いていく上でも、ケア的な関係が前提になければなりません。第Ⅱ章で非認知能力レンズとフィードバックの提案をした際に、相手にとってフィードバックされたい存在について述べました。辻褄が合っている人や安心・信頼できる人間関係を築けている人の存在が重要でしたね。このケア的な関係というのは、後者の安心・信頼できる人間関係のことを意味しています。

そもそもケア（care）とは、起き上がれない人を起こしてあげるなどの援助行為としてよく用いられますが、本来的な意味は「（相手に）関心を持つ」ことです。マザー・テレサが「愛情の反対は無関心」と言ったように、人は他者から関心を持たれていないときこそが最も孤独になっているときだといってもよいでしょう。ちなみに、前著で紹介した「自己肯定感（自己受容感）」や、第I章の「深い非認知能力」のレベル（主に乳幼児期の段階に形成）の通り、この時期に親などの身近にいる「重要な他者」からケアされていない子どもは、本当にそれ以降がしんどくなってしまいます。ネグレクト（育児放棄）などの児童虐待はもってのほかです。人は他者から関心を持たれることで、自分と他者とのつながりを感じ、そこから他者への安心・信頼を抱くことができるのです。したがって、お互いに関心を持ち合ってケア的な関係を築くことは、「自己肯定感（自己受容感）」や「深い非認知能力」にとって必要不可欠であるといえます。

そして、乳幼児期だけではなく、以降の児童期や青年期、さらには大人になってもケア的関係を築いていくことは、私たち一人ひとりにとっての「安全基地」につながります。自分の存在そのものが受け入れられている環境、失敗が許される環境、成功を喜び合える環境、価値を共有し合える環境……こうした環境に身を置くからこそ、非認知能力を安心して自分で伸ばしていくことができるのです。このような環境のことを「安全基地（Safety-Base）」と呼んでいます。個々人のパーソナルスペースが重視されるあまり、お互いの関心が薄れ、ネット社会の中では匿名の人から容赦なしに叩かれるような状態が進行すればするほど、この安全基地は崩壊することになるでしょう。非認知能力を自ら伸ばしていくためには、環境こそが大切です。先ほどの大人たちがつくるコミュニティをはじめ、私たちが様々な場所でお互いにケア的関係を築き、安全基地になるような環境をつくり出していきたいものです。

私たちが変われば環境も変わる！
環境が変われば子どもたちも変わる！

……ですね。

エビデンスとポリシー

近年、行政機関や教育機関の中で「ＥＢＰＭ」という言葉をひんぱんに聞くようになりました。「Ｅエビデンス　Ｂベースト　Ｐポリシー　Ｍメイキング」です。つまり、「何らかの根拠（エビデンス）に基づいて方針（ポリシー）をつくる」ということの重要性を意味しています。そして、多くの場合この根拠は、数値によって定量化された（量的な）根拠のことです。この根拠による方針策定は、たしかに安心感や危機回避につながるという側面を持っているでしょう。何と言っても、何らかの根拠に基づいているわけですから、「思いつき」ではありません。

また、仮にこの方針がうまくいかなかったとしても、その根拠に基づいていたわけですから、方針を策定した側にとっての重責感も緩和されます。いまや、根拠に基づいて方針を立てたり、決断したりということはどのような領域でも当たり前になされることといっても過言ではないでしょう。

しかし、教育や子育てにおいて（特に量的な）根拠に基づいた有効性とはいったいどれほどのものなのでしょうか？　例えば、長年被験者を追いかけ続けた実験結果が公表されたときには、時間の経過とともに社会環境が変わってしまっているかもしれません。また、必ずしもその方法や考え方だけが被験者に影響を与えているわけではないことも考えられます。このように考えてみると、真に絶対的かつ客観的に信頼の置ける根拠が、教育や子育ての中で本当に存在するのでしょうか？　奇しくも2019年には自制心や忍耐力と学力などの関係性を実験したウォルター・ミシェルによる有名な「マシュマロテスト」の再現性が疑問視されるようになりました。そうなると、「マシュマロテスト」の結果があったから自制心や忍耐力の大切さを信じてきたのに……と思われる方もいらっしゃるのではないでしょうか。

「教育」が蓋然的な（必然性と偶然性が絡み合っている）営みといわれるように、やはり教育や子育てにおいて、特定の誰か（たとえ多数だとしても）が、こうなった（例えば○○大学に合格した）からといって、誰しもがそうなるということは必ずしも言い切れないはずです。この点では、非認知能力が最たるものかもしれません。（定量的に）測定できないことを前提とした能力ですから、とりわけ「○○したから□点（％）

伸びた」などの量的な根拠とは縁遠くなってしまいます。

ちなみに、『測りすぎ――なぜパフォーマンス評価は失敗するのか？（The Tyranny of Metrics）』の著者ジェリー・Z・ミュラー（※12：２０１９年）は、自意識のある人間が測定の対象であれば測定の信頼性は低下すると指摘しています（先ほどのマシュマロテストなどの疑問視と一致します）。また、例えば学校の場合、特定の教師に子どもを教えてほしいと要求する保護者が多ければ、テストの結果の如何にかかわらず、教師の評価として有益な指標になる、とも提起しています。そして、重要なこととして人の経験や定量化できない技術があるとも述べているのです。決して、測定することが無意味なのではなく、測定できることとできないこと、測定した方がわかることとわからないことがあり、それらを無視してすべてにおいて測定（特には量的な根拠）ありきとなるのはおススメできません。

だから私は、いま、ここで量的な根拠が仮になかったとしても、その方法や考え方が、自分自身の中で本当に価値あるものになっているのかどうかを問うことが必要だと考えるのです。そのためには、（特に量的な）根拠に従って反射的に「これがいい！」

と判断するのではなく、根拠も一つの材料としながら、自分自身の教育観や育成観などの「軸」を形成した上で、方針を立てていきたいものです。すると、自分自身の「軸」に基づいて方針を立てた取り組みが、あるとき何らかの根拠によって裏付けられる場合もあるでしょう。

また、根拠に基づいて改めて自分自身の「軸」や方針を問い直し、ときには修正することがあるかもしれません。

したがって、単に、根拠だけに縛られるのではなく、著名人が言っていることややっていることを盲信するのでもなく、「自分が大切にしたいことは何か?」「自分があの人に育てたいことは何か?」などと問い直すことをおススメします。そのためにも、自分自身の中で方針を立てるための「軸」をつくったり見直したりする材料の一つが、様々なエビデンスであるということを認識しておきたいものです。そして、何よりも私たちにとって一番のエビデンスは、目の前のその子であり、その人です。量的な根拠ばかりにとらわれて、自分の軸や目の前の相手をくれぐれも見失わないようにしていきましょう。だからこそ、ぜひ、この問いと向き合ってみてください!

あなたは、誰にどんな、人育てをしたいのですか？
そして、あなたの人育ては何を大切にしているのですか？

「正解」ではなく「納得解」を見出す

先ほどの「軸」に基づいた方針というのは、研究でいえば「仮説」の役割に近いものだと考えられます。仮説があるからはじめて根拠となるデータを集めて、考察し検証することが可能になります。言い換えるなら、仮説のないデータは単なるデータであり、裏付けという意味を持たないわけです。

そして、研究において仮説が重要になるのは、そもそも研究には確固たる正解がないからです。ソクラテスよろしく、はるか昔から研究は常に「わからないこと」を問い続ける営みでした。したがって、正解がない問いを「なぜ、そうなるのか？　〇〇（仮説）ではないだろうか？」と常に追い求めていくことになります。だから、研究には正解ではなく仮説が必要不可欠なのです。

この研究でいうところの仮説は、第Ⅲ章で紹介したPBLのプロジェクトも同様だといえるでしょう。「こうすれば必ず地域が活性化できる」という正解を持って、地域活性のためのプロジェクトに取り組むわけではありません。一言で地域といっても、地理的にも、規模的にも、文化的にもそれぞれ異なる地域を活性化するわけですから、正解そのものが存在しないことになります。だからこそ、「こんな地域にしていきたい」というビジョンを持って、「こういうことをやってみれば、こんな地域にできるかもしれない」という仮説を立てていくわけです。プロジェクトはそんなところから始まっていくのです。

このように考えると、子育ても、研究も、プロジェクトも「正解がない」という点で共通していることがわかります。本来でしたら、いつの時代も私たちは正解がない問いと向き合ってきたはずです。そして、この超加速度的に変化している現在や未来において、なおさらに正解のない未知の問題と向き合っていかなければならなくなっていたといえるでしょう。まさに、2020年の現在において世界的な大問題となっている「新型コロナウィルス（COVID-19）」に関する未曽有の事態は、最もこのことを如

実にあらわしているのではないでしょうか。

しかし、このような時代であっても、学校現場ではいまだに生徒から「先生、正解は何ですか?」という質問が飛び出してくることもあるそうです。それは、大人にも同じことが言えます。そのような中で提言され始めたのが、正解ではなく「納得解」を見出していこうという考え方ですね。

正しいかどうかではなく、様々な状況に応じて最も納得できることは何かを見出すという納得解の考え方は、これからの時代を生きる私たちにとって必要不可欠であることは間違いないでしょう。ただし、納得解はあくまでも納得解ですので、ともすれば別の納得解を見出せるかもしれません。また、その時々の状況が変化すれば、最も納得できることも変化していきます。いったん一つの納得解を見出したとしても、別の納得解や納得解そのものの変化にも対応していくために、私たちには「修正」することが求められてくるのです。これは、先ほどの子育てや研究、プロジェクトでも同じことが言えますね。間違うことを拒むのではなく、現状を受け入れて納得解自体にも修正をかけられる力が私たちには必要です。

すると、目指す納得解が仮に望んだ通りにならなかったとしても、そこでへこたれることなく修正していける「自分と向き合う力」、さらなる納得解を求めて意欲的に修正していける「自分を高める力」、かかわる人たちと一緒に議論や模索を重ねて修正していける「他者とつながる力」といった非認知能力たちが、いかに大切なのかは明らかです。相手のこれらの力を伸ばしていくとともに、私たち自身も伸ばしていくことで、常に納得解を見出し、実際にやってみて、振り返る中で修正して、さらなる納得解を見出していきたいものです。まさに、第Ⅲ章でも紹介した未知の問題解決に向き合うためのＡＡＲサイクルそのものですね。

「いつものくらし」を「学び」に変える

先ほどのポリシーとエビデンスの通り、すべてがエビデンスありきなのではなく、自らの「軸」を据えながら、人育てや自分育てをしていきたいことを提案しました。例えば、子育てにおいても親が「軸」を持っていないと子どもはたまったものではありません。「みんな子どもを学習塾に通わせているから、うちの子も通わせないと……」とか、「〇〇子育て術がよいって聞いたからうちの子にもやろう」とか、「オリンピック選手が子どもの頃やっていた教育法だったら、うちの子にも……」といった具合になってしまうと、最終的に子どもが自分の意志で決断させてもらえたらよいのですが、子どもは子どもで親の期待に応えたかったり、親に拒否権を認めてもらえなかったりと大変です。

そして、そのような親のみなさんを「教育ビジネス」が誘惑してくる場合もあります。なんだかとってもスペシャルな感じのプログラムに対して、高額な料金を払ってでも……と思われる方が少なからずいらっしゃいます。最近では、非認知能力も一つの市場となっており、非認知能力を格段に身に付けることができたり、さらには非認知能力なのに数値で測定できてしまったりという様々なプログラムが登場して、広告も飛び交うようになりました。ここでも、我が子の思いや現状と親の軸に基づいて判断していただきたいものです。

本書でお伝えしてきた通り、非認知能力を伸ばしていくのに、さほど特別なプログラムは必要ありません。基本的には日常、つまり「いつものくらし」の中に非認知能力を伸ばすきっかけが埋め込まれているのです。今日一日の「いつものくらし」で非認知能力を意識し、そのことを振り返り明日につなげていく……つまり、「いつものくらし」を学びに変えていくということを何よりも大切にしていきましょう。

おわりに

2020年を迎えたとき、私を含めた多くの方々は、華々しく開催される東京オリンピック&パラリンピックを頭の中で思い描いていたことでしょう。一方で、私を含む多くの方々は、現在もなお続く「コロナショック」のことを予想できたでしょうか。全国一斉休校要請、緊急事態宣言発令、生命と経済の世界的危機……こんなことがリアルに起きてしまったのです!

第V章でも触れましたが、私たちは、いま、まさに予測困難な時代の真っ只中に立っています。そんな時代に突入してもなお、既存のテストの点数が良くて成績の順位が高いだけで、私たちは生き抜くことができると思いますか?

メディアやネットによって様々な情報が錯綜《さくそう》する中でも必要な情報を取捨選択できる力、刻一刻と変化する状況におかれても自分が果たすべき役割を認識して実行できる力、自分の独善的な価値観にばかり縛られることなく他者へ柔軟で寛容に対応できる力……。いま、どんな力が求められているのかを挙げるだけでもキリがありません。そして、これらの非認知能力は間違いなくこれからの時代を生き抜くために必要な力です。

だからこそ、「私たち大人が気づきましょう！　変わりましょう！」とこれまでは声高に発信し続けてきました。しかし、もうその必要はないのかもしれません。

２０２０年のいまという現実を生きているなら、もうすでに誰もが気づいているし、変わることの必要性を痛感しているはずだからです。私たち大人が変わりさえすれば、子どもたちも変わる……。親や教師や上司が変わりさえすれば、子どもや生徒や部下も変わっていけることでしょう。

我が国だけでなく世界規模で大きな転換の契機となる年に、本書を書き終えて刊行することへの責任感と緊張感を勝手ながら抱いているところです。これから私たちは、全国各地、世界各国のパートナーたちと共に、新時代へ向かっていくことが求められています。そのような中で、本書を少しでもお役立ていただけることを切に願っております。

最後になりましたが、この未曽有の事態に陥り働き方が激変する中であっても、常にポジティブに前へ進めてくださる東京書籍の金井亜由美さんの非認知能力の高さに敬服の念を込めて、本書を締め括りたいと思います。

2020年6月

中山　芳一

参考文献

※1：ジェームズ・J・ヘックマン（大竹文雄解説、古草秀子訳）『幼児教育の経済学』東洋経済新報社、2015年
※2：遠藤利彦「非認知的（社会情緒的）能力の発達と科学的検討手法についての研究に関する報告書」『平成27年度プロジェクト研究報告書』国立教育政策研究所、2017年
※3：鶴光太郎『性格スキル―人生を決める5つの能力』祥伝社新書、2018年
※4：森口佑介『自分をコントロールする力　非認知スキルの心理学』講談社現代新書、2019年
※5：ポール・タフ（高山真由美訳）『私たちは子どもに何ができるのか―非認知能力を育み、格差に挑む』英治出版、2017年
※6：中山芳一『学童保育実践入門―かかわりとふり返りを深める』かもがわ出版、2012年
※7：ローナ・フィリン、ポール・オコンナー、マーガレット・クリチトゥン著小松原明哲、十亀洋、中西美和訳『現場安全の技術　ノンテクニカルスキル・ガイドブック』海文堂、2012年
※8：中山芳一、吉澤英里「非認知能力に関する自己評価シートの開発」『岡山大学全学教育・学生支援機構教育研究紀要』第4号、186-195頁、2019年
※9：中倉智美「深い学びを引き出しこれからの時代に求められる資質・能力を育むカリキュラム・デザイン　第2次～授業の質の向上に資するカリキュラム・マネジメントの確立を目指して～」『岡山大学教育学部附属中学校　研究紀要』第55号、5-19頁、2020年
※10：志水宏吉編著、茨木市教育委員会著『「一人も見捨てへん」教育　すべての子どもの学力向上に挑む』東洋館出版社、2014年
※11：内田伸子『子育てに「もう遅い」はありません』冨山房インターナショナル、2014年
※12：J・D・クランボルツ、A・S・レヴィン（花田光世・大木紀子・宮地夕紀子訳）『その幸運は偶然ではないんです！』ダイヤモンド社、2005年
※13：ジェリー・Z・ミュラー著、松本裕訳『測りすぎ―なぜパフォーマンス評価は失敗するのか？ The Tyranny of Metrics』みすず書房、2019年

〈そのほか〉

・デイビッド・R・カルーソ、ピーター・サロベイ(渡辺徹監訳)『EQマネージャー』東洋経済新報社、2004年
・ダニエル・ゴールマン(土屋京子訳)『EQ―こころの知能指数』講談社、1996年
・経済協力開発機構(OECD)編著、ベネッセ教育総合研究所企画・制作(無藤隆・秋田喜代美監訳)『社会情動的スキル―学びに向かう力』明石書店、2018年
・アンジェラ・ダックワース(神崎朗子訳)『やり抜く力―人生のあらゆる成功を決める「究極の能力」を身につける』ダイヤモンド社、2016年
・キャロル・S・ドゥエック(今西康子訳)『マインドセット―「やればできる!」の研究』キャップス、2016年
・杉山尚子『行動分析学入門―ヒトの行動の思いがけない理由』集英社新書、2005年
・石田淳『短期間で組織が変わる行動科学マネジメント』ダイヤモンド社、2007年
・ドナルド・A・ショーン(佐藤学、秋田喜代美訳)『専門家の智恵　反省的実践家は行為しながら考える』ゆみる出版、2001年
・ドナルド・A・ショーン(柳沢昌一、三輪建二監訳)『省察的実践とは何か　プロフェッショナルの行為と思考』鳳書房、2007年
・三宮真智子『メタ認知で〈学ぶ力〉を高める―認知心理学が解き明かす効果的学習法―』北大路書房、2018年
・中山芳一『コミュニケーション実践入門―コミュニケーション力に磨きをかける』かもがわ出版、2015年
・リナ・マエ・アコスタ&ミッシェル・ハッチソン著、吉見・ホフストラ・真紀子訳『世界一幸せな子どもに親がしていること』日経BP社、2018年
・三浦孝仁、坂入信也、宮道力、中山芳一『大学生のためのキャリアデザイン―大学生をどう生きるか』かもがわ出版、2013年
・鯨岡峻『エピソード記述を読む』、東京大学出版会、2012年
・丸亀ひまわり保育園、松井剛太『子どもの育ちを保護者とともに喜び合う　ラーニングストーリーはじめの一歩』ひとなる書房、2018年
・竹内慶夫編訳『セレンディップの三人の王子たち～ペルシアのおとぎ話～』偕成社文庫、2006年
・諸富祥彦編著『ほんものの「自己肯定感」を育てる道徳授業　小学校編』明治図書、2011年
・高垣忠一郎『生きることと自己肯定感』新日本出版社、2004年
・友田明美『子どもの脳を傷つける親たち』NHK出版新書、2017年
・ウォルター・ミッシェル(柴田裕之訳)『マシュマロ・テスト―成功する子・しない子』早川書房、2015年

中山芳一（なかやま　よしかず）

岡山大学教育推進機構准教授。専門は教育方法学。1976年1月、岡山県生まれ。大学生のためのキャリア教育に取り組むとともに、幼児から小中学生、高校生たちまで、各世代の子どもたちが非認知能力やメタ認知能力を向上できるように尽力している。さらに、社会人を対象としたリカレント教育、全国各地の産学官民の諸機関と協働した教育プログラム開発にも多数関与。9年間没頭した学童保育現場での実践経験から、「実践ありきの研究」をモットーにしている。著書に『学力テストで測れない非認知能力が子どもを伸ばす』東京書籍（2018年）、『新しい時代の学童保育実践』かもがわ出版（2017年）、『コミュニケーション実践入門』かもがわ出版（2015年）など多数。

ブックデザイン　長谷川理
カバー・本文イラスト、マンガ　後藤知江
校正　西進社
協力　小池彩恵子、柴原瑛美、小野寺美華
編集　金井亜由美（東京書籍）

家庭《かてい》、学校《がっこう》、職場《しょくば》で生《い》かせる！
自分《じぶん》と相手《あいて》の非認知能力《ひにんちのうりょく》を伸《の》ばすコツ

2020年7月3日　第1刷発行
2022年9月8日　第3刷発行

著　者　中山芳一
発行者　渡辺能理夫
発行所　東京書籍株式会社
東京都北区堀船2-17-1　〒114-8524
電話　03-5390-7531（営業）
03-5390-7512（編集）
https://www.tokyo-shoseki.co.jp

印刷・製本　株式会社リーブルテック

ISBN978-4-487-81402-2 C0095　NDC371

本書に掲載した情報は2020年6月現在のものです。